KB188193

하나님을 사랑하신다구요?
사랑이 아니라 경외입니다

소중한 마음을 담아

_____ 님께 이책을 드립니다.

_____ 드림

하나님을 사랑하신다구요?
사랑이 아니라 경외입니다

- 초판 1쇄 인쇄 2023년 9월 15일
- 초판 1쇄 발행 2023년 9월 20일

- 지은이 박순형
- 펴낸이 조유선
- 펴낸곳 누가출판사

- 등록번호 제315-2013-000030호
- 등록일자 2013. 5. 7.
- 주소 서울특별시 공항대로 59다길 276(염창동)
- 전화 02-826-8802 팩스 02-6455-8805

- 정가 16,000원
- ISBN 979-11-85677-80-4   03230

＊파본은 교환해 드립니다.
＊이 출판물은 저작권법에 의해 보호를 받는 저작물이므로 무단 복제할 수 없습니다.
＊독자의 의견을 기다립니다.
＊sunvision1@hanmail.net

박순형 지음

하나님을 사랑하신다구요?

사랑이 아니라 경외입니다

awe

나보다 나를 더 잘 아시는 하나님께서 저를 목사로 세우시고, 한 교회를 지키게 하시며 천하보다 귀한 영혼들을 불러 모아주셔서 지금의 필리아 교회를 지켜가고 있습니다. 또한 우연한 기회에 극동방송과 인연이 되어 칼럼을 맡게 되고 그걸 꾸준히 몇 년 지속하다 보니 이런 결과물도 나오게 되었습니다. 본서는 2021년부터 2022년까지 2년 동안 극동방송 칼럼에서 다루었던 자료들을 정리하여 세상에 내놓게 된 것입니다. 그러나, 말씀을 연구하고 설교 준비를 하고 칼럼을 위해 원고를 정리하고 하는 모든 과정 속에서 제가 느끼는 것은 하나님을 알면 알수록 두렵고 떨리는 마음이 든다는 것입니다. 그리고 하나님께서 부르시는 그날까지 말씀대로 살아내는 목사의 모습으로 살고 싶다는 열망이 더욱 강해집니다. 또한 그 열망 밑바탕에는 세상 어떤 말로도 표현할 수 없는 하나님에 대한 깊은 감사를 느끼게 됩니다.

출 판 사
누가

양약고구(良藥苦口) - 좋은 약은 입에 쓰다

"감탄고토(甘呑苦吐)"라는 말이 있습니다. 옳고 그름에 관계없이 자기 비위에 맞으면 좋아하고 그렇지 않으면 싫어함을 뜻하는 말입니다. "달면 삼키고 쓰면 뱉는다"는 속담과 일맥상통합니다.

미디어의 발전으로 손쉽게 많은 설교를 접할 수 있는 시대입니다. 이런 상황에, 나는 과연 올바른 설교를 듣고 있는지 생각해 보았습니다. 나도 모르게 내가 듣기 좋은 말들로만 점철된, 나의 '입맛'에 맞는 설교만을 골라 듣고 있진 않은가 하고 말입니다.

이 책 『하나님을 사랑하신다구요? 사랑이 아니라 경외입니다』는 결코 성도들의 비위를 맞추는 달콤한 책은 아닙니다. 그러나 성도들에게 꼭 필요한 말을 하고 있습니다. 성경에 기초한 각 주제들은 모두 성경 말씀을 근간으로 하고 있으며 때로는 날카롭게, 또 때로는 냉철하게 독자들에게 질문합니다.

"당신은 올바른 신앙생활을 하고 있는가?" 하는 질문이 책을 읽는 내내 저를 되돌아보게 했습니다. 독자들 역시 이 책을 읽는 동안 각자의 신앙생활을 점검할 수 있는 유익한 시간을 갖게 될 것이라 믿어 의심치 않습니다.

"너희를 부르신 거룩한 이처럼 너희도 모든 행실에 거룩하라" 베드로전서 1장 15절

　　성도들이 이 책을 통해 다시 한번 말씀 앞에 직면하여 바로 서기를 바라며, 좋은 책을 써주신 박순형 목사님께 축하와 감사의 말씀을 동시에 전합니다.

한기붕 사장_극동방송

박순형 목사님은 부족한 제가 아세아연합신학대학교 총장으로 재직 당시 시작한 M.Div. 출신입니다. 또한 제가 고문으로 있는 국제독립교회연합회에서 목사안수를 받고 변함없는 성실함과 섬김의 본을 보임으로 국제독립교회연합회 임원과 봉사위원장으로 섬기고 있는 분으로 한국교회에 소중한 분으로 저에게는 무척이나 자랑스러운 제자 목사님입니다.

더구나 복음방송의 대명사 극동방송에서 3년간이나 칼럼방송을 통해 보이는 곳과 보이지 않는 곳에 전파로서 큰 은혜를 끼치셨고 열매인 『하나님을 사랑하신다구요? 사랑이 아니라 경외입니다』를 출판하게 하신 하나님 아버지께 무한한 감사를 올려드립니다.

책 내용 중 박 목사님이 예수님의 제자로서 바른 영성을 추구하는 분이신 것을 통해 감동을 받은 부분이 있습니다.

"우리가 예수 그리스도 안에서 우리 각자에게 임하신 하나님과 교제하는 삶을 살아간다면 성숙한 영성에 이를 수 있으며, 자연스럽게 의의 열매와 빛의 열매와 성령의 열매를 예수 그리스도 안에서 맺을 수 있으며, 이것이 바로 하나님께서 원하시는 영성이라고 할 수 있습니다.

바른 영성을 가지기 위해서는 우리 안에 내주하시는 성령 하나님과 끊임없이 교제 해야 하며, 이러한 교제의 삶을 살 때 우리는 예수 그리스도 안에서 산다고 할 수 있으며, 성령님께서 우리의 삶 속에 성령의 열매 즉 영성의 열매를 가득히 맺게 하실 것입니다. 이러한 영성의 열매를 가득히 맺으시는 삶이 되십시오."

이 책은 저자가 주의 뜻대로 살아가려는 바른 영성과 실천으로 쓴 탁월한 보기드문 역작으로 참된 영성 서적임을 확신하여 강력하게 추천을 드립니다.

림택권 목사_전 아세아연합신학대학교 총장
현 국제독립교회연합회 고문

하나님을 경외하는 마음이 회복되길

기초의 중요성은 아무리 강조해도 지나치지 않습니다. 건축에 있어서도, 공부에 있어서도 기초가 튼튼해야 무너지지 않는다는 사실을 우리는 익히 잘 알고 있습니다. 그렇다면 신앙생활에 있어서는 과연 무엇이 기초가 되고, 기반이 되어야 할까요?

박순형 목사님께서 쓰신 이 책은 78가지의 다양한 주제에 대한 성경적인 답을 제시하고 있는데 신앙생활을 정립하기 원하는 분들에게 큰 도전과 함께 많은 유익을 줄 것으로 생각됩니다.

그러나 무엇보다도 저자는 여호와를 경외하는 것의 중요성과 함께 이것이 신앙의 근본이고, 출발점이 되어야 함을 강조하고 있고, 나아가 어떻게 하면 경외하는 마음을 가질 수 있는지에 대한 방법들도 소개하고 있습니다.

"사람을 두려워하면 올무에 걸리게 되거니와 여호와를 의지하는 자는 안전하리라"는 잠언 29장 25절 말씀처럼 빛과 소금의 역할을 감당해야 할 한국교회와 크리스천들이 다시금 회복되어야 할 것이 바로 하나님을 경외하는 마음이 아닐까 하는 생각이 듭니다.

특별히 코로나 19 이후 교회와 신앙생활에 있어서도 많은 것이 무너진 시대를 살아가고 있는 이때에 이 책을 많은 분들이 읽고, 다시금 하나님을 경외하는 마음이 회복되길 기대합니다. 박순형 목사님의 책 출간을 진심으로 축하드립니다.

김진오 사장_CBS

목사가 되고자 하는 꿈이 있었던 것도 아니였고 단지, 신앙생활을 하면서 하나님을 더 알고 싶어서 신학대학원을 가게 되었으며, 입학을 하면서도 주위 사람들에게 "난, 목사는 안 합니다. 하나님에 대해 공부만 할 것입니다."라고 했었던 기억이 납니다.

그러나, 나보다 나를 더 잘 아시는 하나님께서 저를 목사로 세우시고, 한 교회를 지키게 하시며 천하보다 귀한 영혼들을 불러 모아주셔서 지금의 필리아 교회를 지켜가고 있습니다. 또한 우연한 기회에 극동방송과 인연이 되어 칼럼을 맡게 되었고 그걸 꾸준히 몇 년 지속하다 보니 이런 결과물도 나오게 되었습니다.

본서는 2021년부터 2022년까지 2년 동안 극동방송 칼럼에서 다루었던 자료들을 정리하여 세상에 내놓게 된 것입니다. 그러나, 말씀을 연구하고 설교 준비를 하고 칼럼을 위해 원고를 정리하고 하는 모든 과정 속에서 제가 느끼는 것은 하나님을 알면 알수록 두렵고 떨리는 마음이 된다는 것입니다. 그리고 하나님께서 부르시는 그날까지 말씀대로 살아내는 목사의 모습으로 살고 싶다는 열망이 더욱 강해집니다. 또한 그 열망 밑바탕에는 세상 어떤 말로도 표현할 수 없는 하나님에 대한 깊은 감사를 느끼게 됩니다.

먼저 이 책이 출판되도록 기회를 주신 하나님께 영광을 올려 드립니다. 그리고 이 책이 출판될 때까지 격려를 아끼지 않으셨던 극동방송 한기봉 사장님과 출판 과정에서 많은 도움을 주셨던 누가 출판사 정종현 목사님께도 감사드립니다.

이 땅에 살아가는 모두가 빠르게 변화하고 있는 과학기술문명과 포스트모드니즘의 사상적 트렌드 속에서 진리가 해체되어져 가는 가운데에서도 하나님의 진리를 받아들이고, 하나님의 진리를 끝까지 지켜 나가시는 하나님의 백성이 되시길 소망합니다.

박순형 목사 올림

목차

제1부

· · · · · · ·

성부 하나님

모세가 하나님께 아뢰되 내가 이스라엘 자손에게 가서 이르기를
너희의 조상의 하나님이 나를 너희에게 보내셨다 하면
그들이 내게 묻기를 그의 이름이 무엇이냐 하리니
내가 무엇이라고 그들에게 말하리이까
하나님이 모세에게 이르시되 나는 스스로 있는 자이니라
또 이르시되 너는 이스라엘 자손에게 이같이 이르기를
스스로 있는 자가 나를 너희에게 보내셨다 하라
출애굽기 3장 13~14절

하나님의 의義

　　나의 의, 우리의 의, 하나님의 의란 무엇이고 어떻게 다를까요? 이에 대해 명확히 구분할 수 있는 성경의 예가 있습니다.

　　마태복음 20장에 있는 포도원의 품꾼들에 대해 품삯이 아침부터 저녁까지 일한 일꾼들에게 주는 품삯과 오후 5시에 와서 1시간밖에 일하지 않는 품꾼의 품삯이 똑같은 부분입니다. 이에 대해 아침부터 온 일꾼들은 원망하였다고 기록되어 있는데, 원망하는 것이 당연하다고 생각한다면 그 사람은 사람의 의대로 사는 사람이라고 할 수 있습니다.

　　일반적으로 우리는 일한 시간에 대한 정당성을 따집니다. 어찌 보면 그것이 당연하다고 생각할 수 있습니다. 왜냐하면, 일을 한만큼 품삯을 주는 것이 공평하다고 생각하기 때문입니다. 그래서 적게 일하면 당연히 적은 임금을 받아야 한다고 생각합니다. 그리고 이것이 사회 정의라고 생각합니다. 만일 이러한 원칙이 깨어지면 사회질서가 파괴된다는 생각을 하게 됩니다. 바로 이것이 우리의 의입니다.

　　하나님의 의는 다릅니다. 하나님께서는 전체를 보시고 고려하시는 분이십니다. 일꾼이 늦게 왔으면 그만한 사정이 있었을 것입니다. 한 예로 집에 몸이 아픈 부모님이 계셔서 병원에 모시고 가야 하므로 늦게 올 수도 있는 것입니다. 그렇다면 그는 오히려 다른 사람들보다 돈이 더 필요한 사람입니다. 이처럼 하나님의 의의 방식으로 보면, 일터에 늦게 온 사람은 늦게 온 사정이 있을 뿐, 돈은 똑같이 필요하므로 임금을 똑같이 주어야 한다는 것입니다. 나이가 들었거나 신체적으로 문제가 있어 선택받지 못하여 온종일 장터에서 뽑아주기를 기다리는 사람도 선택해서 일을 시킨 후 일을 한 시간과 상관없이 똑같이 품삯을 주는 것이 하나님의 의입니다.

그러므로 하나님을 믿는 자들은 나의 기준, 사회의 기준이 아니라 하나님의 기준으로 생각해야 합니다. 나의 기준으로 생각하는 사고의 틀을 하나님 시각으로 바꾸어야 합니다. 그렇지 않고 세상의 가치를 기준으로 교회 생활을 하면 교회 내에서 섭섭하고, 원통한 일들이 생기게 됩니다. 하나님의 시각으로 바꾸어야 교회 내에 분쟁이 없어집니다. 상대방 처지에서 생각하고 행동하는데 분쟁이 있을 수가 없습니다. 모두 다 이렇게 하나님의 의를 닮아간다면 교회는 사회로부터 선한 공동체로 인식될 수 있습니다. 믿지 않는 사람들도 하나님을 믿는 사람들을 보고 하나님의 백성은 뭐가 다르긴 다르다고 하면서 초대교회 때처럼 하나님을 칭송하게 될 것입니다. 그리고 하나님을 믿는 우리는 사정이 딱한 사람들에 대해서는 이해의 폭을 더 넓히고, 사랑으로 감싸야 합니다.

거룩

거룩은 하나님의 속성임을 우리는 모두 다 잘 알고 있습니다. 그리고 하나님께서는 "내가 거룩하니 너희도 거룩하라"라고 명령하셨다는 사실도 우리는 잘 알고 있습니다. 우리에게 거룩함이란 과연 무엇일까? 어떻게 해야 거룩해질 수 있을까? 라는 의문 또한 우리는 항상 가지고 있습니다. 이처럼 우리는 거룩함에 대해 이해하려고 애쓰며 이해한 것을 실천하려 노력하고 있습니다.

그러나 거룩은 이해할 수 있는 것이 아닙니다. 거룩함은 우리가 하나님과의 관계 선상에서 하나님으로부터 전해 받는 하나님의 은혜입니다. 내 안에 계시는 하나님께서 나에게 주시는 은혜로 말미암아 하나님의 거룩함이 내 안에 들어오면 나의 마음이 변하게 됩니다. 즉, 나의 마음도 거룩하게 됩니다. 거룩해진 나의 마음에서 거룩한 생각과 거룩한 말과 거룩한 행동들이 나오게 됩니다. 이렇게 되면 베드로전서 1장 15절 "너희를 부르신 거룩한 이처럼 너희도 모든 행실에 거룩하라"라고 하셨던 말씀을 실천할 수 있게 됩니다. 그결과 우리의 행실은 거룩하게 됩니다.

레위기 19장 2절에도 "너는 이스라엘 자손 온 회중에게 말하라 너희는 거룩하라"라고 말씀하십니다. 하나님께서 모세를 통해 온 회중들에게 명령하신 거룩함이 온 회중들에게 전해지고 그 거룩이 이웃에게 전해진다면 거룩함이 선순환되어 온 세상이 하나님의 거룩함으로 덮일 것입니다.

하나님의 거룩이 내 안에 들어오려면 우리는 어떻게 해야 할까요? 하나님의 거룩이 내 안에 들어오려면 내 것을 버려야 합니다. 그렇지 않으면 하나님의 거룩이 나에게 들어 올 수 없습니다. 내 것이 비어 있어야 삼투압의 원리처럼 하나님의 것이 나에게 들어올 수 있습니다. 내 것을 비우지 않고 욕심과 탐욕이 나의 마음에 가득 차 있으면 하나님의 것이 나에게 들어올 수 없습니다. 나의 마음은 나의 생각과 나의 이성과 연결되어 있기 때문에 나의 마음이 바뀌지 않으면 나의 생각과 말과 행동이 바뀌지 않습니다. 그러나 하나님의 거룩이 우리 각자의 마음에 들어오면 우리 모두의 생각과 말과 행동이 믿지 않는 사람들과 구별되어집니다. 그리고 성별 되고 구별되는 우리의 행실로 인해 이 세상에 하나님의 영광이 드러날 것입니다.

우리 몸은 거룩하신 하나님이 계시는 성전입니다. 그러므로 우리는 우리 몸을 거룩하게 유지해야 합니다. 그렇게 하기 위해서는 쉬지 않고 기도해야 합니다. 기도로 하나님과 항상 교통함으로써 나의 마음이 항상 거룩해질 수 있습니다. 그렇게 되면 나의 생각도 항상 거룩해지고, 나의 말과 행동도 항상 성별 될 수 있습니다.

마음이 깨끗하지 못하고 욕심에 사로잡혀 있으면 하나님의 거룩이 우리 마음에 들어올 수 없게 됩니다. 그렇게 되면 우리는 하나님과 교통할 수 없게 됩니다. 그 결과 계속해서 탐욕에 사로잡히게 되고 죄의 노예가 됩니다. 구약에서 성전은 하나님이 임재하시는 장소이기 때문에 백성들의 부정함이 사라져야 할 장소였습니다. 부정함이 사라져야 하나님께서 오실 수 있었습니다. 그래서 제사장은 죄를 씻는 의식을 거행하였습니다. 성전인 우리 몸에 전적인 하나님의 은혜로 하나님께서 우리에게 임하시지만, 구약의 성전처럼 우리 몸인 성전을 우리가 성결하게 유지할 의무가 있다는 것을 잊지 말아야 합니다.

하나님과 하나님의 백성은 거룩함이라는 영적 관계로 이어져 있습니다. 거룩함은 하나님의 속성으로 우리 인간들에게는 없습니다. 거룩은 하나님께서 우리에게 주셔야 우리가 가질 수 있는 전적인 하나님의 은혜의 산물이라는 사실을 잊지 말아야 할 것입니다. 항상 기도하는 가운데 하나님과 교통함으로써 베드로전서 1장 15절 말씀처럼 "너희도 모든 행실에 거룩하라"는 말씀을 이루십시오.

하나님을 두려워하는 마음

모세의 장인 이드로가 혼자서 모든 재판을 감당하고 있는 모세에게 "온 백성 가운데서 능력 있는 사람들을 뽑아서 쓰라"라고 출애굽기 18장 21절에 이야기하고 있습니다. 이때 능력 있는 사람의 첫 번째 조건은 하나님을 두려워하는 사람이었습니다. 그 두려움은 하나님을 경외함에서 나오는 두려움입니다.

하나님께서는 우리가 알고 있는 것과는 비교가 되지 않을 만큼 크고 높으신 분입니다. 성경에서 말씀하고 있는 하나님은 우리가 필요로 하는 부분만 기록해놓은 것입니다. 예를 들어 우주 만물을 창조하실 때 말씀으로 창조하셨다고 성경에 쓰여 있습니다. 그리고 실제 창조의 원리에 대해서는 성경에 전혀 쓰여 있지 않습니다. 그 이유는 그 부분에 대해서 우리가 알 필요가 없기 때문입니다.

홍해를 가를 때 바람에게 명령하시는 것, 물 위를 걸으시고 물을 어떻게 다스리시는지, 창조하실 때 땅에게 풀과 씨 맺는 채소와 각기 종류대로 씨 가진 열매 맺는 나무를 내라고 명령하시고 땅이 어떻게 그것을 행하는지, 인간을 흙으로 어떻게 창조하셨는지 그 원리에 대해서는 전혀 언급되어 있지 않습니다. 하나님의 능력에 대해서 아주 일부분만 성경에 기록되어져 있습니다. 성경에 기록되어져 있는 그 일부분조차도 우리는 잘 알지 못하고 깨닫지 못하는 존재임에도 하나님을 무시하고 외면하는 경우가 많습니다.

하나님께서 우리를 자녀 삼아주시고 주님께서 친구삼아 주시니 하나님을 우리와 동격이라고 생각하거나 알라딘에서 우리의 소원을 들어주는 거인 지니 정도로 생각합니다. 그리고 하나님께서 하라고 하신 명령에는 별로 두려워하지 않습니다. 사람들과의 거리는 신경을 쓰면서도 하나님과의 거리는 별로 신경을 쓰지 않습니다. 사람들과의 관계에는 신경을 써도 하나님과의 관계에는 별로 신경을 쓰지 않습니다.

하나님과의 관계가 상실된 것이 죄입니다. 하나님과 거리감을 가지고 사는 것이 죄입니다. 그러나 그 죄에 대해서는 크게 신경 쓰지 않습니다. 우리는 하나님을 두려워하여야 합니다. 그리고 그 두려움은 하나님을 경외함에서 나온 자연스러운 두려움이어야 합니다. 심판받기 싫어서 하나님을 경외한다면 그 경외함은 이성에서 나온 경외함이며, 심판이라는 무서움에서 나온 것이기 때문에 실제적인 경외가 아닙니다. 하나님에 대해 느끼는 관계가 무서움에서 나온 관계라면 하나님 명령을 받드는 것 자체가 스트레스요 압박으로 느껴지기 때문에 우리가 잘 감당할 수 없습니다. 체력적으로나 정신적으로 한계가 있기 때문입니다.

그러므로 우리 마음에서 하나님에 대한 진정한 경외심이 일어나야 합니다. 하나님께서 얼마나 크고 위대하신지 진정으로 깨달으면 진정한 경외심이 일어납니다. 그리고 신앙생활이 전혀 힘들지 않게 됩니다. 오히려 신앙생활로 힘과 에너지를 얻게 됩니다. 나 자신을 하나님께 내어드리는 공간이 많아질수록 우리 마음속에는 감사함과 평안이 커질 것이고 두려움은 작아질 것입니다. 왜냐하면, 하나님께서 나와 함께 하시기 때문입니다.

갈라디아서 2장 20절에 "내가 그리스도와 함께 십자가에 못 박혔나니 그런즉 이제는 내가 사는 것이 아니요 오직 내 안에 그리스도께서 사시는 것이라"라고 말씀하고 있는데 여전히 내 안에는 그리스도가 아닌 내가 살고 있습니다. 성경은 여호와를 경외하는 것이 지식의 근본이라고 잠언 1장 7절에 말씀하고 있습니다. 그리고 여호와를 경외하는 것이 지혜의 근본이라고 잠언 9장 10절, 시편 111편 10절에 말씀하고 있습니다. 지혜와 지식은 우리에게 신앙의 깨달음과 방향을 잡아주는 역할을 합니다. 지혜와 지식은 하나님을 경외함으로부터 나옵니다. 하나님을 경외하는 것이 신앙의 가장 기초가 되는 근본입니다.

그러므로 우리는 하나님을 공경하며 두려워해야 합니다. 하나님에 대한 두려움은 내가 극복해야 하는 요소가 아니라, 내가 내 자리를 내어줌으로써 주님께서 찾아오셔서 해결하는 것임을 기억하십시오. 하나님을 경외하는 마음, 두려워하는 마음을 항상 가지므로 하나님의 백성으로서의 본분을 충실히 행하십시오.

내려놓음

우리 각자는 하나님의 성전입니다. 우리 안에는 하나님께서 내주하고 계십니다. 그러나 우리의 말과 행동과 우리의 마음을 보면 평소에 우리 안에 하나님이 계시지 않으신다는 것을 느낄 수 있을 정도로 마음이 평온하지 않을 때가 많고, 분노가 일어날 때도 많고, 사람에 대해 미운 감정들이 일어날 때도 많습니다. 내 안에 임재하신 하나님께서 우리 마음을 다스리시면 분명 우리 마음은 평온해지고, 선한 마음에서 나오는 선한 생각, 선한 행동들이 나올 텐데 그렇지 않을 때가 훨씬 더 많으니, 우리 삶에서 아주 많은 시간 동안, 그리고 빈번히 하나님과 우리 마음이 단절되어 있음을 알 수 있습니다.

내주하시는 하나님께서 우리를 다스리게 하시려면 우리가 최소한 어떠한 자세로 신앙생활을 해야 할까요? 먼저, 우리 앞에 항상 예수님께서 계시고, 우리를 바라보고 계시다는 것을 알아야 합니다. 우리의 시선은 언제나 눈앞에 계시는 그리스도를 향해 고정해야 합니다. 즉 그리스도를 의식해야 합니다. 마음속에는 예수님의 마음을 갖도록 해야 합니다.

그래서 심적으로 혹은 물질적으로 어려운 이웃들을 예수님처럼 섬겨야 합니다. 예수님처럼 섬긴다는 것은 섬기는 정도가 '자신

하나님을 사랑하신다구요? 사랑이 아니라 경외입니다

의 양들을 위해 목숨까지 기꺼이 바치고자 하는 목자'가 하는 행동으로 그들을 섬겨야 한다는 뜻입니다. 이것이 내 마음에 예수님께서 사신다면 일어날 수 있는 우리의 신앙적 삶의 모델입니다. 그 모델에 따라 항상 우리들의 마음은 예수님처럼 온유한 마음을 가져야 하며, 삶의 자세도 항상 겸손한 자세를 가져야 합니다.

그렇게 하려면 나의 자아가 없어져야 합니다. 나의 자아가 없어져야 우리 마음이 하나님과 연결될 수가 있습니다. 연결되는 원리는 삼투압의 원리와 같습니다. 삼투압의 원리는 밀도가 낮은 쪽이 밀도가 높은 쪽으로 이동하는 원리입니다. 나의 마음에 자아가 살아있으면 나의 마음은 욕심이라는 아주 진한 밀도로 가득 차게 됩니다. 그러면 선한 밀도로 가득 찬 내 안에 계시는 하나님 쪽으로 흐르지 않게 됩니다. 즉 하나님과 연결된 통로를 막게 됩니다.

그러나 나의 자아를 비우게 되면 내 마음의 밀도는 낮게 되어 하나님과 연결된 통로가 열리게 됩니다. 그러면 우리의 마음은 평온해지고, 마음의 여유가 생기고, 행복해지고 사람들을 바라볼 때 그들을 돕고 싶은 마음이 생기고 그들을 위해 헌신하고픈 마음이 일어나는 것입니다. 어떤 사람이 매섭게 나를 공격해도 마음이 요동치지 않게 됩니다. 오히려 평온한 마음에서 그들의 입장이 되어 그들을 이해하고 그들을 품어주고 싶은 마음이 생기게 됩니다. 그것이 그들을 사랑하는 마음입니다. 그러면 원수까지 사랑하라는 말씀까지도 실천할 수 있게 됩니다.

신앙의 공동체는 다양한 사람들이 모이는 곳이니까 분란이 생기는 것이 당연한 것일까요? 아닙니다. 교인들 각자에 내주하시는 하나님과 연결되는 삶 즉, 우리 안에 그리스도께서 사시면 공동체에서 분란이 생기지 않습니다. 오히려 즐거움과 행복과 평화가 넘치게 됩니다. 교회는 그렇게 변해야 합니다. 그렇게 변해가야 교회가 성장할 수 있습니다. 외형적으로 사람들이 점점 더 많이 모여야 교회가 성장하는 것이 아닙니다. 교인들의 신앙이 성장하여야 성장하는 교회라 할 수 있습니다.

　　교회의 성장은 퇴보되거나 멈춰서는 안 됩니다. 하나님을 믿는다고 입으로만 이야기하고, 생각만 한다면 이는 진정으로 하나님을 믿는 것이 아닙니다. 입술의 고백도 마음에서 우러나와야 진정한 고백이 될 수 있습니다. 로마서 10장 10절에 "사람이 마음으로 믿어 의에 이르고 입으로 시인하여 구원에 이르느니라"라고 말씀 하고 있습니다. 이때 말씀하신 마음은 하나님과 연결된 마음입니다. 그 마음으로 믿어야 의에 이를 수 있습니다. 그리고 그 마음에서 나오는 입술의 고백이라야 구원에 이를 수 있는 고백이 될 수 있습니다.

　　나의 시선은 내 앞에서 나를 바라보시는 하나님을 바라보아야 합니다. 바라보되 공경과 두려운 마음 즉 경외하는 마음으로 바라보아야 합니다. 그러면 우리 안에 있는 악한 내 자아가 비어 있는 상태가 되어 나의 마음이 하나님과 연결되게 됩니다. 하나님과 연결된 마음에서 나오는 말과 행동은 하나님을 닮게 되어 온유한 마음과 겸손한 행동과 사랑이 넘치는 말이 흘러나오게 될 것입니다. 그리고 표정이 바뀌게 될 것입니다. 입술에는 찬양이 넘치게 될 것입니다. 자아를 내려놓음으로 성장하는 신앙의 삶을 살아가십시오.

미션

성경을 자세히 살펴보면 성경에서는 하나님에 대해 구체적으로 잘 나와 있지 않다는 사실을 발견할 수 있습니다. 출애굽기 3장 14절에 하나님께서 모세에게 이르시되 "나는 스스로 있는 자"라고 밝히셨고, 하나님 자신에 대해서는 특히 하나님의 능력에 대해서는 하나님께서 스스로 잘 밝히시지 않으셨습니다. 그래서 하나님에 대해 당시 히브리 민족들도 잘 몰랐고, 우리도 잘 모르기는 마찬가지인 것 같습니다. 예를 들면 사람들이 바벨탑을 쌓으니까 창세기 11장 7절에 "언어를 혼잡하게 하여 그들이 서로 알아듣지 못하게 하자"라고 말씀하고 있습니다. 결국, 사람들은 흩어졌고, 바벨탑 건설도 중단하게 되었습니다.

성경에는 간단히 언어를 혼잡하게 하셨다고만 되어 있는데 언어를 혼잡하게 하려면 어떻게 해야 할까요? 언어가 혼잡하게 되었다는 것은 우리 뇌피질에 있는 언어의 데이터베이스를 모두 다 바꾸었다는 의미입니다. 각기 다 다른 언어이기 때문에 그 많은 언어를 창조하시고 그렇게 만들어진 언어의 구조에 따라 해당하는 언어의 단어와 문법을 뇌피질에 다시 저장하셨다는 의미입니다. 이를 사람들은 좌뇌를 통해 독창적인 언어를 구사하게 되었다는 의미입니다. 이 얼마나 놀라운 사건입니까?

하나님께서는 인간만 창조하신 것이 아니라 언어와 같은 콘텐츠도 창조하셨습니다. 그것도 한 가지 언어가 아닌, 필요하시면 서로 알아들을 수 없을 만큼 많은 수의 언어들을 말입니다. 인간을 창조하신 하나님께서 가지고 계신 창조 메커니즘에는 물질적인 하드웨어뿐만 아니라 언어와 같은 소프트웨어의 창조도 포함되어 있습니다. 그래서 뇌피질에 있는 언어 데이터베이스도 마음대로 바꾸실 수 있었습니다. 그것도 원격으로 말입니다.

거대한 사회 공동체를 운영하기 위한 다양한 법이나 제도, 사상들도 하나님의 지혜를 느낄 수 있는 부분들이 많이 있음을 우리는 볼 수 있습니다. 이처럼 온 우주 만물을 다스리고 계시는 하나님을 우리는 곳곳에서 느낄 수 있습니다. 성경에는 우주 만물을 창조하실 때 말씀으로 창조하셨다고 기록되어 있고, 인간을 만드실 때는 창세기 2장 7절에 "여호와 하나님이 땅의 흙으로 사람을 지으시고 생기를 그 코에 불어 넣으시니 사람이 생령이 되니라"라고 말씀하고 있습니다. 창조의 메커니즘에 대해서는 전혀 언급이 없습니다. 그래서 하나님께서 얼마나 위대하신 분이신가에 대해 우리는 참으로 무감각한 것 같습니다.

정말 대단하신 분이 하나님이신데 성경에는 우리가 하나님과의 관계에서, 잘하고, 잘못하는 부분들과 관련된 사실들만 주로 기록되어 있으므로 우리는 하나님의 능력과 권위에 대해 너무나도 잘 알지 못하고 있는 것 같습니다. 구약에서 고대 근동의 모든 사람이 야훼 하나님을 아주 작은 히브리 민족을 다스리는 신 정도로만 알

았고, 당사자인 히브리 민족들조차도 그 정도로만 알고 있었기 때문에 당시 최고로 문명이 발달한 애굽의 신들을 동경했고, 가나안 토속 신들을 숭상했습니다. 하나님의 능력에 대해서 잘 모르고 있었기 때문에, 지속해서 하나님의 명령에 복종하지 않은 것이 아닌가 하는 생각도 하게 됩니다.

과학 문명이 발달했다고 하는 지금 하나님을 경외하는 정도가 구약 시대 때 히브리 민족과 비교할 때 오히려 더 하나님을 하나님 되이 여기지 않고 있습니다. 우리가 하나님의 위대하심을 진정으로 깨닫는다면 어찌 감히 얼굴을 하나님을 향하여 들 수 있겠습니까? 기도도 "저는 죄인입니다"라는 기도밖에는 더 드릴 수가 없을 것입니다. 하나님을 하나님 되이 여기는 것이 바로 하나님을 경외하는 것입니다. 경외를 사전에서 찾아보면 "공경하면서 두려워함"이라고 정의되어 있습니다. 하나님께서는 우리가 상상하는 것 이상으로 훨씬 위대하시다는 사실을 항상 인지하시고, 하나님을 존경에서 나오는 두려움 즉 경외하는 마음으로 하나님께서 원하시는 백성으로서의 삶을 살아가십시오.

마음의 눈

로마서 10장 17절에 믿음은 들음에서 난다고 말씀하고 있습니다. 믿음이 어떻게 들음에서 날 수 있을까요? 설교를 듣거나 성경을 읽게 되면 하나님에 대한 지식이 우리 안에 들어오게 됩니다. 그러면 하나님에 대한 존재가 우리 안에서 각인되기 시작합니다. 이때 하나님에 대한 지식이 우리 안에서 거부되지 않고 있는 그대로 받아들이는 사람도 있고, 그렇지 않은 사람도 있습니다. 하나님에 대한 지식을 받아들이는 사람은 하나님의 존재가 믿어지게 됩니다. 이러한 모든 일들은 성령님께서 역사하시기에 가능해집니다. 본인이 가진 학문적인 지식이나 경험으로서는 오히려 거부할 수도 있으므로 전적인 하나님의 은혜로 이루어지게 됩니다.

성령님께서 우리 안에 임재하셔서 우리에게 믿음을 주시고 역사하신다는 것은 나의 원죄로 말미암아 나로 하여금 죄를 짓게 만드는 나의 거짓 자아를 밀어내고 그 자리에 참 자아를 주신다는 의미입니다. 내주하시는 성령님께서 내 안에서 역사하시면, 인간을 창조하실 때 우리가 가졌던 참 자아의 모습으로 우리는 되돌아갈 수 있습니다.

사실상 우리는 하나님에 대해 무지합니다. 정확하게 말하면 하나님에 대해 알아가는 중입니다. 평생을 알아가도 하나님에 대해 모르는 부분들이 너무 많습니다. 하나님에 대해 알아가는 중이라는 것은 우리의 내면에 하나님의 존재에 대해 확실하게 설정해 나가는 중이라는 뜻입니다. 잘못된 지식으로 잘못 설정하게 되면 이단으로 빠지게 됩니다. 그러므로 하나님에 대한 올바른 지식 그리고 성경에 쓰여진 하나님의 말씀에 대한 올바른 지식이 뒷받침되어야 합니다. 하나님에 대한 올바른 지식에 성령님의 은혜가 덧붙여지면 우리 내면에 하나님의 존재가 각인되어 집니다. 그 이후 지속적으로 지식을 더하고 그 위에 성령님의 도우심으로 인해 지속적인 깨달음으로 신앙의 성숙이 더해지게 됩니다. 이러한 깨달음의 과정에서 내가 버려지게 되고 나의 마음도 비워지게 됩니다.

우리는 가끔 "나는 마음을 비웠어"라는 표현을 사용합니다. 이러한 표현은 내가 어떤 어려움을 만났는데 이를 해결할 능력에 한계를 느낄 때 사용합니다. 마음을 비웠다는 것은 다 내려놓았다는 뜻입니다. 내가 애를 쓰다가 안 되면 마음을 비우는 것이 아니라, 매사에 나의 지식과 경험으로 판단하고 결정하고 행동하는 것이 아니라 다 내려놓음, 즉 마음을 비우는 습관과 훈련이 필요합니다. 살면서 어떤 문제에 봉착하게 되면 먼저 마음을 비워야 합니다. 마음을 비운다는 것은 나의 의지를 제거하는 것이고 내가 가지고 있는 능력을 부정하는 것을 의미합니다. 그러면 내가 죽고 그리스도께서 사시게 됩니다.

성경에는 "옛사람을 버리고 새사람을 입으라"라고 에베소서 4장 22절, 23절, 24절에 말씀하고 있습니다. 옛사람을 벗어버리는

하나님을 사랑하신다구요? 사랑이 아니라 경외입니다

것은 나의 욕망을 버리는 것이고, 나 중심의 사고를 버리는 것입니다. 나 중심적인 가치관을 버리고 하나님의 기준에 따르는 삶을 살아간다는 뜻입니다. 그러한 삶을 살게 되면 그리스도인으로서 성별되고 구별된 삶을 살 수 있게 됩니다. 나의 내면에 이기적인 생각과 욕망으로 꽉 차 있으면 마음의 눈이 어두워져서 선악을 분별하지 못하고 영적으로 어두움 가운데 처하게 됩니다. 이때에는 내 안에 내주하시는 성령님께서 나의 내면에 들어오실 수 없습니다. 그러나 나의 이기적인 생각과 욕망을 버리면, 즉 나를 버리면 내주하신 하나님께서 나의 마음에 들어오셔서 마음의 눈이 밝아지고 행실도 성별 되게 됩니다.

우리 사회는 어느 정도의 욕망에 대해서는 미화하거나 관대한 시각으로 보는 경향이 있습니다. 권력과 재물에 대해 어느 정도 우리 사회 안에서 공감대가 형성되었기 때문입니다. 그러나 하나님을 믿는 우리는 사회적으로 통용되는 기준에 맞출 것이 아니라 하나님 기준에 맞추어야 합니다. 그렇게 해야 그리스도인이라고 할 수 있습니다. 그렇게 해야 성별 되고 구별된 삶을 살 수 있습니다. 그리고 세상을 비추는 빛이 될 수 있습니다. 사회적 기준에 맞추는 정도의 삶을 사는 사람들은 하나님을 믿지 않는 사람 중에서도 우리 사회에 많이 있다는 사실을 기억하시면서 그리스도인으로서 성별되고 구별되는 신앙의 삶을 살아가십시오.

기도

　초대교회에서부터 현재까지 교회는 말씀과 기도라는 두 기둥 위에 세워져 왔습니다. 그러므로 기도는 우리의 신앙심을 견지하고 발전시키고 또한 교회가 하나님의 뜻을 이루어 나가는 데 매우 중요합니다. 그리고 이러한 사실은 우리 모두 잘 알고 있습니다. 그러므로 기도는 항상 우리 믿는 자들의 관심사입니다.

　기도에 대해 우리가 쉽게 간과하는 부분이 있습니다. 그것은 기도가 나의 뜻을 관철시키는 것이 아니라는 사실입니다. 기도는 하나님의 뜻을 이루는 것입니다. 예수님께서 십자가 사건을 앞두고 마지막으로 제자들과 만찬 하는 자리에서 하나님께 "나의 원대로 마시옵고 아버지의 원대로 하옵소서"라고 기도하셨습니다. 예수님께서는 기도가 자신의 뜻을 주장하는 것이 아니라 하나님의 뜻에 복종하고 행하는 것이라는 사실을 우리에게 가르쳐 주시고 계십니다.

　고린도후서 12장 8절에 따르면 자신의 몸에 있는 가시를 없애 주기를 간구한 바울의 기도가 3번 모두 응답받지 못한 것을 볼 수 있습니다. 예수님께서는 "내 은혜가 네게 족하도다 이는 내 능력이 약한 데서 온전하여 짐이라"라고 응답하셨습니다. 사도 바울은 이것을 하나님의 응답으로 알고 더 이상 이에 대한 기도를 하지 않았습니다. 왜냐하면, 자신의 약한 부분이야말로 그리스도의 능력이 지속적으로 자신에게 머물게 하는 원동력이라는 사실을 깨달았기 때문입니다. 자신의 약한 부분이 있으면 자신의 연약함을 깨닫게 되고, 연약함을 통해 신앙의 겸손함과 하나님께 대한 경외하는 마음을 지속적으로 유지할 수 있게 되어 오히려 유익하다는 것을 깨닫게 됩니다. 즉 자신의 연약함을 유지하는 것이야말로 오히려 하나님의 축복임을 깨닫게 됩니다.

바울의 경우처럼 하나님께서 기도를 들어주시지 않는 것은 그 기도의 응답이 모든 것을 합력하여 선을 이루시는 하나님의 뜻과 우리를 구원의 길로 인도하시는 하나님의 뜻과 일치되는 응답임을 우리는 알 수 있습니다. 이처럼 하나님께서 어떤 경우든 우리를 항상 선으로 이끄신다는 확신이 바로 믿음입니다.

현재 우리 모두 상황이 어렵습니다. 이럴 때일수록 우리는 하나님을 향한 우리의 믿음을 더욱더 공고히 해야 합니다. 우리는 잘 알지 못하지만, 우리를 선한 길로 이끄시는 하나님의 뜻이 있음이 분명하기 때문입니다. "내 길은 너희 길보다 높으며 내 생각은 너희의 생각보다 높음이니라"라는 이사야 55장 9절 말씀처럼 하나님의 뜻과 생각은 우리의 상상보다 훨씬 너머에 있습니다.

그러므로 우리 기도의 무응답이 하나님의 침묵이라고 하나님의 뜻을 오해해서는 안 될 것입니다. 로마서 11장 33절 말씀에도 "깊도다 하나님의 지혜와 지식의 풍성함이여, 그의 판단은 헤아리지 못할 것이며 그의 길은 찾지 못할 것이로다"라고 말씀하고 있습니다. 어떤 경우든 하나님께서는 우리를 선한 길로 인도하신다는 믿음을 가져야 합니다. 믿음은 들음에서 나고 들음을 통해 하나님의 말씀을 성령 안에서 깨닫게 되고 그 깨달음이 하나님 말씀에 대한 믿음으로 바뀌게 됩니다.

이와 마찬가지로 기도를 통해 하나님의 뜻을 내 안에 임재 하시는 성령님의 도우심으로 깨닫게 됨으로써 우리는 하나님께서 원하시는 방향으로 생각하고 행동하게 됩니다. 그러면서 우리의 믿음은 장성한 분량으로 키워지게 됩니다. 그러므로 우리에게 쉬지 말고 기도하라고 명령하신 것은 바로 우리 자신을 위해서라는 것을 알 수 있습니다. 그리고 기도를 통한 깨달음은 우리로 하여금 회개의 기도를 하게 합니다. 베드로는 무지 때문에 예수님을 십자가에 못 박은 유대인들을 향하여 죄 사함을 받도록 회개하고 돌이키라고 이야기하였습니다. 몰랐기 때문에 죄를 지을 수는 있지만, 지식 얻기에 게을리하였던 것은 죄에 해당하며, 자신의 무지로 인해 야기된 결과에 대해서는 회개의 기도를 반드시 해야 합니다.

회개는 입으로만 죄를 고백하는 것만을 의미하지 않으며, 거기에는 반드시 악을 떠나 하나님의 뜻에 합당한 삶을 사는 것까지 포함되어 있습니다. 마태복음 3장 8절에 "회개에 합당한 열매를 맺으라"라고 말씀하고 있습니다. 진정한 기도는 우리를 하나님께서 원하시는 방향으로 우리를 이끄는 도구가 될 것입니다. 진정한 기도를 통해 하나님의 백성으로서의 삶이 되십시오.

하나님을 사랑하신다구요? 사랑이 아니라 경외입니다

정의

　　코로나 때문인지 사회적으로 정서가 이전보다 더욱더 메말라
져 가고 있고 여유 또한 점점 잃어가고 있는 것 같습니다. 그리고
신앙에 대한 방향과 신념도 점점 희미해 가고 있는 것 같습니다. 이
러할 때 우리들의 신앙의 방향을 다시 한번 점검해 볼 필요가 있을
것 같습니다. 즉 하나님께서는 지금 우리에게 어떤 신앙의 모습을
원하시는지 한번 생각해볼 필요가 있을 것 같습니다.

　　세상의 모든 만물을 하나님께서 창조하셨습니다. 그래서 우주
만물들은 하나님께서 다스리시는 원리와 하나님께서 세우신 질서
에 의해 지배를 받습니다. 그러므로 성실한 사람이 잘되고, 열심히
공부한 사람이 성적을 좋게 받고 건강을 위해 열심히 운동한 사람
들이 건강하게 살게 됩니다. 이 원리는 보편타당한 원리이기 때문
에 하나님을 믿든지 안 믿든지 이러한 원리에 모두 적용을 받게 됩
니다. 그런데 열심히 공부하지 않으면서 하나님을 믿기 때문에 믿
지 않은 사람들보다 더 성적이 좋아야 하고, 더 좋은 대학에 가야
한다는 주장은 맞지 않습니다. 열심히 건강관리를 하지 않으면서
특별하게 건강해지기를 바라는 것은 잘못된 바램입니다. 이렇듯 자
신이 열심히 하지 않고 성실히 하지도 않으면서 하나님으로부터 남
보다 특별대우를 받기를 원한다면 그것은 잘못된 생각이라고 할 수
있습니다. 이것은 우리는 특별한 민족이라서 우리만 구원을 받아야

한다고 생각하는 편협하고 이기적인 유대민족의 사고와 다를 바가 없습니다. 하나님께서 이스라엘을 택하신 것은 그들로 하여금 제사장 나라가 되어서 타 민족들에게 모범을 보이고 따라서 다른 이방 민족들이 하나님을 믿게 되고 그들도 구원될 수 있도록 하려는 하나님의 사랑과 자비가 담겨져 있었던 것입니다. 그러나 그들은 우상을 숭배를 하였고 그러면서도 하나님으로부터 특별대우를 받기를 원했습니다.

이러한 이중적인 모습은 오늘날 우리에게도 있습니다. 왕 같은 제사장이라는 지위에만 관심이 있지 그 지위에 걸맞도록 행동하는 것에는 별 관심이 없습니다. 성경은 "나더러 주여 주여 하는 자마다 천국에 들어갈 것이 아니요 하나님의 뜻대로 행하는 자라야 들어갈 것"이라고 마태복음 7장 21절에 분명하게 말씀하고 있습니다. 우주 만물을 다스리시는 하나님의 체계, 즉 하나님의 보편적 정의 외에 하나님 백성에게 적용되는 정의는 "구원하는" 정의입니다. 정의의 하나님께서 우선적으로 관심을 두고 계시는 것은 악인을 징벌하는 것보다 하나님의 백성들을 구원시키는 것입니다. 그래서 심판에 앞서 예수님을 이 땅에 보내신 것입니다.

하나님의 은혜에 대해 우리 믿는 자들은 어떠한 믿음의 "의"를 가져야 할까요? 잘 모르거나 애매하면 이 땅에 오셨던 예수님의 "의"을 살펴보면 그 해답을 찾을 수 있습니다. 예수님께서는 세례 요한으로부터 세례를 받는 것이 의를 이루는 것에 합당하다고 마태복음 3장 15절에 말씀하셨습니다. 인간에게 세례를 받으실 이유가

하나님을 사랑하신다구요? 사랑이 아니라 경외입니다

전혀 없으신 예수님께서 인간에게 세례를 받으심으로 하나님의 뜻에 완전한 순종을 행하시는 것이 바로 예수님의 "의"임을 말씀하신 것입니다.

그러므로 우리가 가져야 할 "의" 또한 하나님 뜻에 합당한 행동을 하는 것입니다. 요한복음 16장 10절에 "의에 대하여라 함은 내가 아버지께로 가니 너희가 다시 나를 보지 못함이요"라고 말씀하고 있습니다. "의"란 도덕적 윤리적 바른 삶의 규범 정도가 아니라 하나님과의 바른 관계를 뜻합니다. 그리고 "우리의 의가 바리새인의 의보다 낫지 않으면 결코 천국에 들어갈 수 없다"라고 예수님께서 마태복음 5장 20절에 말씀하고 있습니다.

하나님께서는 우리의 의를 평가하실 때 우리의 모습을 보시고 평가하시는 것이 아니라 우리 안에 계신 성령님과의 관계를 보시고 평가하십니다. 우리가 성령님과의 온전한 관계를 가지면 우리는 예수 그리스도 안에서 살고 있는 것입니다. 그러므로 우리가 가져야 할 의는 하나님과 바른 관계를 가지면서 하나님의 뜻에 따라 행하는 것이라고 할 수 있습니다.

바른 관계는 창조주 하나님을 피조물인 우리가 경외하는 것에서 비롯됩니다. 아담과 하와가 죄를 짓게 된 근본적인 원인이 자신들이 피조물이라는 사실을 잊어버린 채 하나님 말씀에 대한 순종이 아니라 자기 스스로 선악을 판단하였기 때문이라는 사실을 우리는 잊어버리면 안 됩니다. 우리는 하나님과의 바른 관계를 지키기 위해 나를 버려야 합니다. 그것도 철저하게 버려야 합니다. 항상 나의 관점이 아니라 하나님의 관점에서 모든 것을 바라보아야 합니다. 이웃을 사랑하라고 하셨으니, 이웃의 입장에서 생각해야 합니다. 하나님께서 선택하신 우리는 우리의 삶이 우리 것이 아니라는 사실을 잊지 말고 하나님의 뜻에 순종하면서, 항상 이웃을 사랑하십시오.

양심

　양심은 선천적으로 주어지기도 하지만 후천적으로 형성되는 부분도 있습니다. 선천적인 것을 예로 들면 무인 점포에 가서 물건을 살 때입니다. 자기가 사고 싶은 물품에 대해 돈을 지불하고 필요하면 거스름돈을 거스름돈이 있는 바구니에서 꺼내어 갑니다. 만일, 돈이 없으면 자신의 이름과 가져가는 물품을 적어놓고 상점에 적혀져 있는 계좌번호로 송금합니다. 그리고 그 무인 점포에는 CCTV도 없습니다. 이러한 무인 점포가 가장 이상적인 무인 점포입니다. 이러한 가게가 스위스 농촌에는 아직도 많이 있다고 합니다. 아무도 보지 않는 곳에서 자신을 보고 있는 것은 자신의 양심입니다. 그리고 하나님입니다.

　양심은 후천적으로 습득된 지식에 의해 형성되기도 합니다. 예를 들면 중세시대나 조선시대에 주인이 노비를 가혹하게 다루어도 문제가 되지 않았습니다. 노비는 자신과 신분 자체가 다르다고 생각하기 때문에 양심의 가책을 느끼지 않았습니다. 양심의 가책 범위에 포함되지 않았던 것입니다.

　빨강 신호등은 멈추라는 사회적인 규범이며 약속입니다. 그런데 만일 빨강 신호등인데도 불구하고 이를 무시하고 지나간다면 자신의 양심에 찔릴 것입니다. 양심에 찔리게 되는 것은 하나님께서 인간을 창조하실 때 양심을 부여하셨기 때문입니다. 하나님을 믿지 않는 자들에게도 하나님께서 부여하신 양심이 있기 때문에 그들은 이것을 계명으로 여기면서 살고 있습니다.

로마서 2장 14절과 15절에 "율법 없는 이방인은 율법이 없어도 자신의 양심이 마음에 새긴 율법이 되기 때문에 율법이 규정하는 선한 일을 행한다"라고 말씀하고 있습니다. 하나님을 믿는 자들의 양심에 대해 기록한 대표적인 말씀이 있습니다. 요한복음 8장 7절에 간음한 여인에 대해 예수님께서 "너희 중에 죄 없는 자가 먼저 돌로 치라 하시니 그들이 이 말씀을 듣고 양심에 가책을 느껴 다 떠나갔다"라고 말씀하고 있습니다. 하나님께서 주신 양심은 이 세상이 제대로 굴러갈 수 있도록 만들어진 최소한의 방어선임을 알 수 있습니다. 만일 양심조차도 무너진다면 이 세상은 무법의 세계, 그야말로 악이 완전하게 다스리게 되는 어둠의 세계가 되고 말 것입니다.

하나님을 믿는 사람들에게는 하나님을 믿게 되면서 형성된 양심이 있습니다. 즉 하나님의 뜻을 알게 된 자들은 하나님의 뜻을 지키며 행하려고 하는 선한 의지가 있습니다. 하나님의 뜻은 '마음을 다하고 목숨을 다하고 뜻을 다하여 하나님을 사랑하고, 이웃을 자신의 몸처럼 사랑하는 것'입니다. 이러한 하나님의 뜻을 제대로 실천하지 못하면 양심에 찔리게 됩니다. 그런데 내가 하나님 뜻에 반하는 행동을 하였다는 인식을 못하게 된다면 이것은 양심이 무디어졌다는 증거인데 이렇게 되면 정말 심각한 문제가 됩니다. 왜냐하면,

하나님을 사랑하신다구요? 사랑이 아니라 경외입니다

잘못한 것을 모르기 때문에 회개할 수 없기 때문입니다. 그러므로 사도 바울은 사도행전 24장 16절에 "하나님과 사람에 대하여 항상 양심에 거리낌이 없기를 힘쓰고 있다"라고 고백하고 있습니다.

우리도 항상 선한 양심을 가질 수 있도록 애써야 합니다. 양심이 더러워지면 양심은 무디어져서 내주하시는 성령님과 멀어지기 때문입니다. 성령님과 멀어지면 성경을 읽어도 그리고 하나님 말씀을 들어도 깨닫지 못하게 되고, 그 결과 하나님 말씀을 행할 수 없게 됩니다. 그러면 양심은 마비됩니다. 양심이 마비되게 되면 에베소서 4장 19절 말씀대로 감각 없는 자가 되어 자신을 방탕에 방임하여 모든 더러운 것을 욕심으로 행하게 됩니다.

그러므로 우리는 선한 양심을 지속해서 새롭게 해야 합니다. 양심은 성령 안에서 증거한다고 로마서 9장 1절에 말씀하고 있습니다. 성령님과 교통하는 사람은 선한 양심을 가진 사람입니다. 이처럼 내 안에서 성령님께서 역사하시기 위해서는 먼저 내가 죽어야 합니다. 나를 버려야 합니다. 나의 욕심을 버리고 자기중심적인 사고를 버려야 합니다. 죄는 자기중심적입니다. 그리고 죄는 이기심에서 시작합니다. 그러므로 항상 자신의 욕구와 자기의 유익을 버려야 합니다. 그리고 죄가 들어오는 것을 성령님의 도우심으로 선한 양심이 무기가 되어 거부해야 합니다. 선한 양심을 날마다 새롭게 함으로써 죄를 이기고 믿음을 견고히 세워나가십시오.

탐욕

예수님을 은 30에 판 가룟 유다는 돈을 사랑하는 사람이었습니다. 사람들의 삶에 편리성을 부여하기 위해 돈이 만들어졌지만 가룟 유다는 돈이 사람을 지배할 수 있음을 굳게 믿는 사람이었습니다. 그는 필요에 의해 돈을 만들었던 사람의 입장에서 돈을 생각하는 것이 아니라 돈이 가지는 위력의 입장에서 사람을 생각하는 사람이었습니다. 그래서 마리아가 향유 옥합을 깨서 주님의 발에 부을 때도 그는 돈 계산부터 먼저 했습니다. "이렇게 귀한 향유를 깨서 왜 허비하는가, 팔면 삼백 데나리온을 받아 많은 사람에게 나누어 줄 수 있고 효율적으로 사용할 수 있는데"라고 했습니다.

생활의 편리 때문에 돈을 만들었으므로 인간을 살리는 데 돈을 사용해야 합니다. 그렇지 않고 인간을 죽이는 데 돈을 쓴다면 돈의 노예가 될 수밖에 없습니다. 가룟 유다는 돈의 노예가 되었기 때문에 예수님께서 하나님의 아들임에 대해 확신을 가지는 것에 철저하게 방해를 받았습니다. 그래서 예수님을 끝까지 랍비라고 불렀습니다. 돈의 위력에 지배를 받는 사람은 마음의 눈이 가리워져 올바른 판단을 내릴 수 없습니다. 그런 사람은 "이웃을 나의 몸과 같이 사랑하라"라는 예수님의 명령을 제대로 실천할 수 없습니다. 왜냐하면, 철저하게 이기적으로 될 수밖에 없기 때문입니다.

이처럼 돈과 탐욕은 우리가 하나님의 뜻에 따라 살려고 할 때 우리의 삶이 정상적으로 굴러갈 수 없도록 마비시킵니다. 돈과 탐욕은 성자 예수님까지도 팔아넘길 정도의 위력을 가지고 있습니다. 물론 예수님께서 십자가를 지시는 것은 하나님의 섭리입니다. 가룟 유다가 예수님을 팔아넘기는 것도 하나님의 섭리에서 발생한 한 과정이라고 할 수 있습니다. 그러나 가룟 유다가 예수님을 팔아넘기게 된 것은 예수님을 십자가에 못 박히게 하는 그 과정에서 그가 악역을 억지로 맡은 것이 아니라 그가 가진 탐욕 때문에 발생한 것입니다.

예수님을 십자가에 못 박히게 한 사람들은 한두 명이 아니었습니다. 유대인들 거의 전부 다 동조한 것이라고 해도 과언이 아닙니다. 예수님을 따라다녔고, 환호했던 사람들이 얼마나 많았습니까? 그런데 그들은 등을 돌렸습니다. 그리고 가룟 유다는 예수님의 제자이면서 예수님을 팔아넘겼으므로 예수님을 십자가에 못 박히게 결정적인 역할을 한 사람 중 한 사람으로 전락하고 말았습니다.

명예보다 돈을 선택하는 것이 당연한 것으로 여겨지는 현재 우리 사회에서 하나님을 믿는 우리가 돈에 대해 어떠한 가치관을 가져야 하는지 다시 한번 깊이 생각해보아야 합니다. 돈은 도구일 뿐입니다. 돈은 사람을 살리는 도구로 사용되어져야 합니다. 특히 돈을 이웃을 살리는 데 사용하여야 합니다. 그렇게 하려면 나의 모든 것이 하나님의 것이라는 생각을 가져야 합니다. 그러한 생각을 하는 사람들은 하나님을 경외하는 사람들입니다. 경외는 존경하고 두려워한다는 뜻입니다.

　　하나님께서는 태양을 창조하시기 전에 빛을 창조하셨습니다. 그리고 태양을 창조하시기 전에, 땅에게 풀과 씨 맺는 채소와 각기 종류대로 씨 가진 열매 맺는 나무를 내라고 명령하셨습니다. 그것이 셋째 날이었고, 태양이 창조된 것은 그다음 날인 넷째 날이었습니다. 우리가 생각할 때에는 식물이 생육하려고 하면 태양이 있어야 하는데 '태양이 없이 어떻게 살 수 있지?'라고 생각할 수 있습니다. 그래서 창조의 순서가 잘못 기록된 것이 아니냐고 생각하는 사람들도 있을 것입니다. 그러나 하나님께서 작정하시면 식물이 태양의 광합성과는 상관없이 자랄 수 있다는 사실을 우리는 알아야 합니다. 이것이 하나님의 능력이고 섭리라고 할 수 있습니다. 우리는 우리의 지식 범위 안에서 하나님을 이해하고 성경을 이해하려고 합니다. 하나님께서 우주 만물을 창조하셨다는 것을 잠깐 잊고 사는 경우가 많기 때문에 우리는 항상 하나님을 생각하고 의식해야 합니다.

　　요셉의 형들은 시기심에 요셉을 상인에게 팔았습니다. 요셉을 상인에게 팔 때까지 하나님께서는 적극적으로 개입하지 않으셨습니다. 형들의 자유의지대로 팔도록 내버려 두신 그 이후에 적극적으로 개입하셔서 그 나쁜 상황을 선으로 바꾸셨다고 창세기 50장 20절에 말씀하고 있습니다.

　　내가 나쁜 마음을 먹어도 그리고 내가 이기적인 행동을 하여도 당장 내 앞에 하나님께서 개입하고 있지 않음을 우리는 느끼면서 살고 있습니다. 그래서 죄를 짓는 것에 대해 가책을 별로 받지 않고 살고 있는 것 같습니다. 그러나 우리는 항상 죄에 대해 민감하게 반응해야 합니다. 재물에 대한 탐욕과 이기심을 버림으로 하나님 앞으로 가까이 나아가십시오.

축복

     축복이라는 단어를 사전에서 찾아보면 두 가지 뜻이 있습니다. 하나는 행복을 비는 것과 또 다른 하나는 하나님께서 복을 내리시는 것입니다. 하나님께서 주시는 복이란 무엇일까요? 인간은 하나님의 의와 진리의 거룩함으로 지어졌습니다. 그러나 인간의 죄때문에 그래서 죄가 우리에게 들어 왔기 때문에 거룩함이 오염되었습니다. 그러나 우리는 에베소서 4장 24절 말씀처럼 하나님을 따라 의와 진리의 거룩함으로 지으심을 받은 새 사람을 입게 되었습니다. 그 이유는 23절 말씀처럼 우리의 심령이 새롭게 되었기 때문입니다. 이처럼 의와 진리의 거룩함으로 새사람이 되어 하나님의 형상을 회복한 것은 우리에게 엄청난 하나님의 축복입니다. 축복은 하나님과의 관계가 회복되는 것입니다.

     관계 회복에 대한 축복의 말씀은 예레미야 31장 33절에 기록되어 있습니다. "나는 그들의 하나님이 되고 그들은 내 백성이 될 것이라"라는 약속의 말씀이 하나님과의 관계 회복에 대한 축복의 말씀입니다. 이 말씀 때문에 우리에게 구원 길이 열리게 되었습니다. 우리와의 관계 회복을 위해 하나님께서 우리에게 손을 내미셨지만 우리는 한사코 외면하였습니다. 본질적인 하나님의 말씀을 제쳐두고 본질에서 벗어난 우상들과의 관계에 관심을 가졌습니다. 하나님의 뜻에 따르기보다는 나의 욕심을 따르는 삶을 살았습

하나님을 사랑하신다구요? 사랑이 아니라 경외입니다

니다.

종교 지도자들은 하나님의 뜻이 무엇인지 제대로 연구하여 가르치기보다는 자신들의 권력을 강화하기 위해 하나님의 말씀을 왜곡하였습니다. 그래서 사람들에게 보여주기 위한 신앙생활을 하도록 가르쳤습니다. 그 결과 그들은 번화한 거리에 서서 큰 소리로 기도하였습니다. 이처럼 왜곡된 신앙생활을 함으로써 아무도 구원받을 수 없게 되었습니다. 결국 하나님께서 독생자를 이 땅에 보내지 않으면 안 될 지경에 이르렀습니다.

이 땅에 오신 독생자 예수님께서는 우리에게 바른 복음을 전해 주시고 우리들의 죄를 대속해 주셨습니다. 이처럼 하나님께서는 독생자까지 희생시키시면서 하나님의 역할을 전부 해주고 계십니다. 그러나 우리는 예나 지금이나 이렇게까지 우리를 사랑하시는 하나님을 애써 외면하고 있습니다. 왜냐하면, 우리의 관심이 하나님께 온전히 가 있는 것이 아니기 때문입니다. 하나님의 뜻을 온전히 따르기에는 우리가 누리고 싶어 하는 것이 너무 많기 때문입니다. 그리고 이러한 것을 누리게 해 달라고 오히려 하나님께 떼를 쓰고 있습니다. 나의 이웃을 나의 몸처럼 사랑하라고 하셨는데 우리들의 삶의 모습들은 오히려 점점 이기적으로 되어 가고 있습니다. 그러면서 하나님으로부터 받을 축복에만 관심이 있습니다.

예레미야 31장 33절에 "하나님의 법이 하나님 백성들의 마음에 새겨질 때 우리는 하나님의 백성이 된다"라고 말씀하고 있습니다. 우리의 행동은 마음에서 나옵니다. 우리들의 마음에 이기심과 욕심이 있으면 그 마음이 지시하는 대로 행동하게 됩니다. 그러나 우리 마음에 하나님의 법이 새겨져 있으면 하나님께서 지시하는 행동을 하게 됩니다. 우리가 이기심과 탐욕을 마음에 둔 채 하나님의 백성이 될 것이라는 기대는 하지 말아야 합니다. 그러므로 우리는 나의 이기심과 욕심을 버려야 합니다. 그렇게 해야 우리가 하나님의 백성이 될 수 있습니다.

우리 각자는 성전입니다. 그러므로 우리 안에는 하나님께서 계십니다. 문제는 내 안에 임재하신 하나님과 나의 마음이 연결되었는가 하는 것입니다. 연결되지 않으면 자연스럽게 나의 이기심과 욕심대로 살게 되는 것이고, 연결되면 자연스럽게 하나님의 뜻대로 살게 되는 것입니다. 들어와도 복을 받고 나가도 복을 받게 된다는 엄청난 복에 대한 말씀이 기록된 신명기 28장 2절부터 14절까지의 말씀도 우리가 하나님 말씀을 청종하게 되면 이와 같은 복을 우리가 누리게 될 것이라고 말씀하고 있습니다.

청종은 하나님께서 말씀하신 대로 순종하는 것을 의미합니다. 복을 주시는 것은 하나님의 주권입니다. 우리가 하나님으로부터 복을 받기 위해 어떠한 행동을 한다면 바리새인들과 서기관들과 다를 것이 없을 것입니다. 우리는 우리의 의무만 다하면 됩니다. 우리의 의무는 마음을 다하고 목숨을 다하고 뜻을 다하여 하나님을 사랑하고 이웃을 내 몸처럼 사랑하는 것입니다. 이러한 삶을 지속하기 위해서 나의 힘과 나의 의지로 행하는 것은 불가능합니다. 내 안에 임재하고 계신 하나님께서 나의 마음에 들어오셔야 가능합니다. 나의 욕심을 버리면 그래서 나의 마음이 깨끗해지면 하나님께서 나의 마음에 들어오실 것입니다. 내 안에 임재하신 하나님을 우리 마음에 모심으로 항상 하나님의 백성으로서의 복된 삶을 누리십시오.

하나님의 종이란?

요한계시록에 등장하는 일곱 교회 가운데 주님께 칭찬받았던 서머나교회에는 주님께서 "네가 죽도록 충성하라"라는 말씀을 주셨습니다. 그래서 우리는 하나님께 충성하여야 한다는 신념을 가지고 신앙생활을 하고 있습니다. 그리고 하나님께 충성을 하고 있다는 자부심으로 신앙생활을 하고 있습니다.

하나님의 일을 할 때는 고린도전서 4장 2절의 말씀에 따라 "맡은 자에게 구할 것은 충성이라"라는 말씀을 새기면서 하나님의 일을 해야 합니다. 하나님께 충성을 다 할 때의 우리의 신분은 하나님의 종이 됩니다. 사도 바울은 로마서 1장 1절에 예수 그리스도의 종 바울이라고 이야기하였습니다.

그런데 어떻게 하나님의 종이 될까요? 우리는 우리 스스로 하나님의 종이라고 생각하고 있습니다. 그러나 하나님의 종이 되기 위해서는 하나님으로부터 하나님의 종이라고 인정을 받아야 합니다. 자기 스스로 '나는 하나님의 종이야'라고 생각한다고 하나님의 종이 되는 것이 아닙니다. 또한, 당신은 이제부터 하나님의 종이라고 누가 임명해 준다고 해서 하나님의 종이 되는 것이 아닙니다. 이사야 42장 1절에 "내가 붙드는 나의 종, 내 마음에 기뻐하는 자 곧 내가 택한 사람을 보라"라고 말씀하고 있습니다. 하나님의 종은 하

하나님을 사랑하신다구요? 사랑이 아니라 경외입니다

나님께서 붙드십니다. 하나님의 종은 하나님께서 택하십니다. 그러므로 "나는 하나님의 종이야"라고 말한다면 차라리 "하나님 저는 하나님의 종이 되고 싶습니다. 하나님 종의 모습으로 살게 해주세요."라고 기도하는 것이 더 신앙적이라고 할 수 있습니다.

그리고 하나님 일을 한다고 하면서 주위 사람들에게 상처를 준다면 과연 충성된 하나님의 종이라고 말할 수 있을까요? 하나님의 일을 할 때는 "이제 내가 사람들에게 좋게 하랴 하나님께 좋게 하랴 사람들에게 기쁨을 구하랴 내가 지금까지 사람들의 기쁨을 구하였다면 그리스도의 종이 아니니라"라는 갈라디아서 1장 10절 말씀을 항상 마음에 새기면서 하나님 일을 해야 합니다.

이사야 42장에 의하면 하나님의 종이 되면 하나님께서 하나님의 영을 주셨습니다. 그러면 성령이 충만하게 됩니다. 우리에게는 성령님께서 임재하고 계시지만 많은 경우 성령이 충만하지는 않습니다. 왜 그럴까요? 우리 안에 임재하고 계신 성령님과 교통을 하고 있지 않기 때문입니다. 성령님께서는 하나님이시고 하나님은 깨끗하시기 때문에 우리 안에 임재하시는 성령님을 우리가 받아들이기 위해서는 우리 마음이 순백해야 합니다. 내 안에 나의 욕심이 있다면 성령님께서 임재하고 계셔도 성령님을 우리가 받아들이지 못하게 됩니다. 즉 성령 충만해질 수 없게 됩니다. 물론 성령 충만하지 않더라도 충성된 행동을 할 수는 있습니다. 그러나 마음으로부터 우러나오는 진실한 충성을 할 수는 없습니다. 그냥 다른 사람들에게 보이기 위한 포장된 충성인 것입니다.

죽도록 충성하라는 말씀을 실천하기 위해서는 성령 충만해져야 합니다. 그렇게 하기 위해서 우리의 마음을 비워야 합니다. 그리고 항상 마음을 내려놓아야 합니다. 마음을 내려놓으면 "나의 생명은 주님의 것입니다."라는 고백을 할 수 있게 됩니다. 이처럼 우리가 마음을 내려놓으면 성령님께서 우리 마음에 들어오십니다. 그러면 우리는 성령 충만한 삶을 살 수 있게 되고, 주의 종으로 살 수 있게 됩니다. 그리고 죽도록 충성하라는 주님의 명령을 우리가 실천할 수 있게 됩니다. 만일 우리의 생명이 우리 것이라는 생각과 우리의 의와 우리의 욕심으로 채워져 있다면 죽도록 충성하라는 주님의 명령을 이해하는 것조차도 힘들게 될 것입니다.

나의 욕심과 나의 의는 내 안에 임재하신 성령님을 나의 마음에 받아들이는 것을 방해를 하고 있음을 기억하시고, 나의 신앙의 삶은 주님의 것이라는 변함없는 자세로 죽도록 충성하심으로 진정한 충성의 열매를 맺으십시오.

하나님의 영역

　우리는 죄를 지으면서 살고 있습니다. 이렇게 매일 죄를 지으면서 살아가는 우리를 지켜보시고 용서하시는 하나님의 심정에 대해 혹시 생각해보신 적이 있으십니까? 우리가 죄를 지으면 하나님께서는 눈을 질끈 감으시고 자동적으로 용서하시는 분이라고 생각하십니까? 우리 기독교인들은 죄의 용서에 대해 별 대수롭지 않게 생각하는 경향이 있는 것 같습니다. 즉 용서를 낭만적으로 생각하고 있는 분들이 많이 있는 것 같습니다.

　하나님께서는 우리가 죄를 짓는 것을 보시고 어떤 느낌을 받으시는지 호세아서를 통해 알 수 있습니다. 11장 8절에 하나님께서는 당신의 언약 백성들이 지은 죄를 보시고 징계에서 긍휼로 마음을 돌이키셨다라는 기록이 있습니다. 자동적으로 용서로 돌아서신 것이 아니었습니다. 하나님께서는 이 문제에 대해 고심하셨다는 것을 알 수 있습니다.

　우리는 참으시는 하나님, 자비의 하나님, 사랑의 하나님이라고 하면서 하나님께서는 당연히 죄를 용서하신다고 생각하고 있습니다. 그래서 우리는 반복적으로 죄를 짓고, 회개하고 또 죄를 짓는 과정들이 일상화되어 죄의 감각이 무디어지고 있습니다. 그래서 그런지 신앙생활을 하면서 긴장감이 별로 없는 것 같습니다.

인내의 하나님께서도 참으시지 않고 벌을 준 사례가 있습니다. 창세기에 아담과 하와가 선악과를 먹고 에덴에서 쫓겨났습니다. 하나님께서는 동산 중앙에 있는 나무 열매는 먹지 말라고 하셨습니다. 그런데 뱀은 선과 악을 알게 되는 것 자체가 하나님과 같이 된다고 유혹을 하였습니다. 결국, 그 열매를 먹게 되었고, 그 결과 하나님만이 가질 수 있는 영역을 침범하게 되었습니다. 이처럼 우리 피조물들은 창조주의 영역을 끊임없이 침범하려고 하는 경향이 있습니다. 이러한 행동은 엄청난 죄입니다. 하나님의 경고대로 먹으면 죽는다고 하는 엄청난 벌이 있습니다. 이것이 하나님의 영역을 침범한 첫 번째 사건입니다.

신약에 가면 일흔 번씩 일곱 번이라도 용서하라고 말씀하셨던 예수님께서 화를 내신 사건이 있습니다. 요한복음 2장 16절에 "비둘기파는 사람들에게 이르시되 이것을 여기서 가져가라 내 아버지의 집으로 장사하는 집을 만들지 말라"고 하시면서 그들을 쫓아내셨습니다. 여기에서 "내 아버지의 집"은 성전을 가리킵니다. 그 당시에는 성전이 파괴되지 않고 있었습니다. 성전은 하나님께서 머무시는 곳입니다. 그래서 성전은 아버지의 집입니다. 즉 성전은 하나님의 고유한 영역입니다. 그러므로 그 영역은 순결하고 거룩해야 합니다. 하나님의 속성 그 자체가 거룩이고 순결이기 때문입니다. 그곳을 제사장들과 상인들은 이권이 오고 가는, 흥정이 오고 가는 세속적인 곳으로 전락시켜 버렸습니다. 일흔 번에 일곱 번 용서의 법칙은 우리 인간 세상에서 벌어지는 경우에 한합니다. 이곳 성전은 하나님께서 거처하는 곳이므로 인간 세상의 영역이 아닙니다.

그러므로 용서의 법칙이 적용되는 곳이 아닙니다.

우리는 하나님의 영역과 세상의 영역을 구별하지 못하고 신앙생활을 하는 경우가 있습니다. 반드시 구분해야 합니다. 예를 하나 더 들겠습니다. 마가복음 3장 28절과 29절에 사람의 모든 죄와 모든 모독하는 일은 사하심을 얻되 누구든지 성령을 훼방하는 자는 용서받지 못한다고 했습니다. 이 말씀을 보면 사람의 영역과 하나님의 영역을 확실하게 구분해야 함을 더욱더 알 수 있습니다.

그러면 성령을 모독하는 죄를 짓지 않으려면 어떻게 해야 할까요? 성령님께서 하시는 일을 방해하지 않아야 합니다. 성령님께서 하시는 일이 무엇일까요? 너무 많습니다만 가장 중요한 역할 중하나가 한 죄인을 거듭나게 해서 하나님을 믿도록 하시는 것입니다. 그런데 우리가 어떤 성도를 시험 들게 하여서 하나님에게서 멀어지게 만든다면 성령님께서 하시는 일을 방해한 죄를 범하는 것입니다. 하나님의 영역을 침범하고 있지는 않은지 성령님께서 하시는 일을 방해하고 있지는 않은지 우리는 우리 신앙의 삶을 항상 점검해야 합니다. 하나님의 영역과 우리들의 영역을 구분하심으로 우리들의 삶의 영역에서 하나님께서 말씀하신 바를 충실히 행하십시오.

공정과 공의

　　요즘 MZ 세대에 대해 많이 회자 되고 있습니다. 사회전반에 걸쳐 자신들의 목소리를 내고 있습니다. 기독교에서도 MZ 세대가 미래의 주역이기 때문에 관심을 가져야 할 필요가 있습니다.

　　MZ 세대가 추구하고 있는 것이 공정이라고 합니다. MZ 세대는 야근을 하되 부당한 야근이면 이를 거부한다고 합니다. 기성세대는 상사가 야근하라고 하면 특별한 사유가 없는 한 그냥 야근해야 한다고 생각합니다. 그 이유는 지시라고 생각하기 때문입니다. 그러나 MZ 세대는 그렇지 않다고 합니다. MZ 세대가 추구하고 있는 "공정"을 국어사전에 찾아보면 "공평하고 올바름"으로 정의되어 있습니다. 그런데 이 세상이 공평하다고 느끼는 사람은 별로 많지 않을 것입니다. 그 이유는 국가의 법과 제도 자체가 완벽할 수 없는 것이고, 사람마다 환경과 능력이 다 다르기 때문입니다.

　　실현 불가능하다고 생각할 수도 있는 그 공평한 세상이 실제 현실로 나타난 적이 있었습니다. 그때가 바로 이스라엘 백성들이 출애굽 하던 시기였습니다. 출애굽 했던 이스라엘 백성들은 광야를 향해 나아갔습니다. 광야는 문자 그대로 황무지요, 사막이요, 부족과 결핍의 땅입니다. 출애굽 할 때 값비싼 패물을 가지고 왔다고 해도 이를 팔아서 먹을 것을 살 수 있는 곳이 아닙니다. 그들의 생존

　　하나님을 사랑하신다구요? 사랑이 아니라 경외입니다

은 오로지 하나님께서 그들 모두에게 공평하게 주시는 양식, 곧 만나와 메추라기와 물 등에 의해서만 가능했습니다.

이처럼 광야는 하나님만을 의지하게 만드는 훈련장이기도 하였습니다. 자신이 소유한 환경과 자신의 능력에 의해 좌우되는 삶이 아닌 오로지 하나님의 은혜에 의해 살아가는 누구에게나 똑같은 환경이 주어지는 공평한 삶을 체험하는 공간이었습니다.

그런데 그 광야에서의 그들의 삶은 부족함이 없었습니다. 그 이유는 하나님께서 함께하셨기 때문이었습니다. 신명기 2장 7절에 "네 하나님 여호와께서 이 사십 년 동안을 너와 함께 하셨으므로 네게 부족함이 없었느니라"라고 말씀하고 있습니다. 신명기 8장과 29장에 40년 동안 의복이 낡아지지 않았고, 신발이 해어지지 않았으며, 발이 부르트지 않았다고 기록되어 있습니다. 하나님께서 인도해주셨던 그 광야는 모든 사람들에게 똑같은 삶의 조건을 부여하는 곳이었고, 모두에게 공평하고도 동일하게 주어지는 하나님의 보호와 은총을 실제 체험할 수 있는 훈련 공간이었습니다. 그리고 모든 것은 하나님 것이라는 생각을 갖도록 훈련받는 곳이었습니다. 이것은 하나님 나라의 백성이라면 가져야 할 가장 기본적인 사항이기도 합니다. 사유재산이 법적으로 보장되고 있는 이 사회에서 공정과 공평을 이루기에는 불가능해 보입니다. 그러나 꼭 불가능한 것만도 아닙니다.

먼저 왜 MZ 세대가 공정을 외치는가를 살펴볼 필요가 있습니다. 기성세대는 '좋은 것이 좋은 것이다'라고 생각하는 경우가 많습니다. 이것은 분명 잘못된 것입니다. 좋은 것이 좋은 것이 아니라 옳은 것이 좋은 것이어야 합니다. '최대다수의 최대행복'을 추구하는 공리주의가 최선의 사고라고 여기는 상황에서는 소외를 받거나 피해를 입을 수 있는 소수자들이 항상 있게 마련입니다. 예수님께서는 소외된 자들을 돌보셨습니다. 법과 제도 그리고 사람들의 이기적인 사고로서는 아무도 그들을 돌보아 주지 않습니다. 좋은 것이 좋은 것이 아니라 옳은 것이 좋은 것이어야 합니다. 그 옳은 것이 바로 하나님의 공의이며, 그 공의가 실천될 때 MZ 세대가 추구하는 공정함을 이룰 수 있습니다.

하나님의 공의란 오전 6시, 오전 9시, 정오 12시, 오후 3시, 오후 5시에 일하러 온 품꾼들이 노동시간의 차이에도 불구하고 모두 한 데나리온을 받도록 하는 것입니다. 한 데나리온은 그 당시의 일일 노동자의 품삯이었고 가족의 하루 식량을 공급하는 품삯이었습니다. 상식과 계약의 원칙을 뛰어넘어 가장 적은 시간 동안 일한 품꾼의 형편까지 배려하는 것이 하나님의 공의입니다. 이러한 공의를 우리는 실천해야 합니다. 왜 적게 일한 사람이 똑같이 받느냐고 따질 것이 아니라 적게 일한 사람은 늙고 병들어 늦게 선택받은 사람일 수 있기 때문에, 그다음 날에도 선택받지 못할 수 있으므로 오히려 나의 몫을 그들에게 더 줄 수 있는 배려의 마음을 가져야 합니다.

이것이 하나님의 마음이고 우리가 실천해야 할 하나님의 사랑입니다. 그렇게 함으로써 이 사회가 공평과 공정의 사회로 나아갈

하나님을 사랑하신다구요? 사랑이 아니라 경외입니다

수 있게 됩니다. MZ 세대가 추구하고 있는 공정은 하나님을 믿고 있는 우리가 놓치고 있는 부분을 하나님께서 MZ 세대를 통해 우리에게 주시는 메시지이기도 합니다. 하나님의 공의와 정의를 실천하는 삶이 되십시오.

하나님의 섭리(攝理)

하나님을 믿는 우리는 이 세상에서 하나님의 섭리가 아닌 것이 없다는 신념을 가지고 있습니다. 그리고 성경 전체에는 하나님의 섭리에 대해 기록되어 있습니다. 그중에서 대표적인 몇 가지를 살펴보면 75세에 하나님의 부르심을 받은 아브라함은 갈대아 우르를 떠나 가나안 땅으로 갔지만, 점점 남쪽으로 내려갔고, 기근이 들어 애굽으로 갔습니다. 그리고 그곳에서 애굽 왕에게 자기 아내인 사래를 누이동생이라고 거짓말을 하였습니다. 그러나 하나님께서는 아브라함에게 오히려 가나안 정착 비용을 마련하게 해주셨습니다. 창세기 13장 2절에 "아브람에게 가축과 은과 금이 풍부하였더라"라고 기록되어 있습니다.

그 이후에도 아브라함은 하나님의 언약을 잊어버리고 대를 이을 자손을 얻기 위해 아내의 여종 하갈을 통해 아들 이스마엘을 얻었습니다. 그러나 하나님께서는 약속하신 대로 아들 이삭을 낳게 하시어 아브라함에게 영원한 언약을 확인하게 하셨습니다. 이처럼 아브라함이 여러 번 잘못을 저질렀지만 하나님께서는 아브라함을 통해 이스라엘을 만드시는 섭리를 차질없이 진행하셨습니다.

그리고 하나님께서는 다윗을 통해 이스라엘의 기틀을 굳건하게 세우시는 계획도 가지고 계셨습니다. 그래서 다윗에게 왕이 되게 하시고, 하나님의 법궤도 찾게 하시고 다윗 왕가에게 영원한 언약을 확증해 주셨습니다. 사무엘하 7장 16절에 "네 집과 네 나라가 내 앞에서 영원히 보전되고 네 왕위가 영원히 견고하리라"라고 말씀하셨습니다. 그러나 하나님의 영원한 언약의 확증 이후에 다윗은 타락의 길을 걸어간 적도 있습니다. 부하 장수 우리야의 아내 밧세바를 취하였고, 자녀들도 범죄 하였습니다. 암논이 다말을 범하였고, 압살롬은 암논을 죽였습니다. 그리고 아들 압살롬은 반역하였습니다. 그러나 다윗은 하나님의 택한 백성의 왕으로서 다시 위임을 받았습니다. 이러한 다윗 왕의 생애를 보면 하나님의 섭리는 변함없이 행해지고 있음을 알 수 있습니다.

그리고 누가복음 23장에 보면 예수님께서 매달리신 십자가의 오른편에 있었던 강도는 구원을 받았다고 기록되어 있습니다. 그러나 마태복음 27장 44절에는 강도들이 예수님을 욕하였다고 기록되어 있습니다. 이를 보면, 구원받은 강도도 처음에는 예수님을 욕하였지만, 십자가에 달리신 예수님께서 욕하시기는커녕 하나님께 그들의 죄를 용서해 달라고 하시는 모든 모습들을 보고 변화가 된 것임을 알 수 있습니다. 마태복음을 통해 우리는 예수님께서 흉악한 강도에게조차 외면당하셨음을 알 수 있습니다. 이처럼 예수님께서는 세상 모든 사람에게 철저하게 버림을 받는 희생제물이 되셨습니다. 그러나 누가복음을 통해 세상에서 가장 흉악한 강도까지도 구원해 주시는 하나님의 섭리를 보여주셨습니다. 이처럼 예수님의 완전한 희생으로 하나님의 구원 복음이 이 땅에 전해졌습니다.

그리고 하나님께서는 하나님의 복음이 전해지는 과정에서 이단들의 출몰로 인해 문제가 될 것을 하나님께서 미리 아셨습니다. 그래서 사도 바울을 비롯한 예수님의 제자들이 하나님의 영이 인도하시는 대로 신약성경을 기록하게 하셨습니다. 그 결과 신앙 공동체가 지속해서 성장할 수 있었고 복음이 급속히 전해지게 되었습니다. 그러나 16세기에 이르러 가톨릭교회 지도자들이 외치는 "하나님 중심"이라는 구호와 그들의 삶은 예수님 당시의 이스라엘 유대교 지도자들과 바리새인들처럼 위선적이었습니다. 그래서 하나님께서는 루터를 세우시고 종교개혁을 통해 가톨릭교회가 아닌 새로운 교회를 설립하게 하셨습니다. 그리고 칼빈을 통해 종교개혁의 교리를 정립하게 하시고 복음에 근거한 교리를 확립하도록 하셨습니다.

이를 보면 세상을 창조하시고 다스리시는 하나님의 섭리대로 세상이 움직여지고 구원의 계획이 진행되고 있음을 알 수 있습니다. 하나님의 백성인 우리는 모든 것이 하나님의 섭리대로 움직여지고 있으니 그냥 지켜보는 방관자적인 삶을 살아서는 안 됩니다. 아브라함, 다윗, 바울, 루터, 칼빈처럼 하나님께서 사용하시는 자가 되어야 합니다. 물론 우리를 사용하시는 분은 하나님이시고 어떻게 사용하심도 하나님의 주권입니다. 그렇기 때문에 오히려 더 하나님을 믿고 하나님의 뜻을 잘 알고 이를 실천하는 삶을 살아야 합니다. 하나님의 섭리에 부응하여 우리의 뜻이 아닌, 그리고 도덕적 윤리적 기준도 아닌 오로지 하나님의 뜻을 받드는 삶 그리고 하나님의 뜻이 기준이 되는 삶을 살아야 합니다.

하나님의 뜻

예수 그리스도는 사랑이십니다. 그러므로 예수님의 이 땅에서의 삶 자체가 사랑이셨고, 하나님의 사랑을 몸소 이 땅에 전하셨습니다. 그러나 그 사랑도 예외적인 경우가 있었습니다. 그것은 하나님의 뜻에 누군가가 훼방을 놓을 때였습니다. 하나님의 뜻을 방해하는 자에 대해서는 단호하게 대하셨습니다. 하나님의 뜻은 예수님께서 십자가를 지시고 속죄 제물 되시는 것이었습니다. 이러한 하나님의 뜻을 실행하시려는 예수님의 행동을 베드로가 막았을 때 베드로를 가차 없이 사탄이라고 하셨습니다. 마태복음 16장 23절 말씀입니다. "예수께서 베드로에게 이르시되 사탄아 내 뒤로 물러가라 너는 나를 넘어지게 하는 자로다 네가 하나님의 일을 생각하지 아니하고 도리어 사람의 일을 생각하는도다"라고 말씀하셨습니다. 이처럼 하나님의 일에 대해서는 제자 베드로를 사탄이라고 부를 정도로 베드로에게 전혀 다른 차원으로 접근하셨습니다.

만일 베드로처럼 사람의 뜻만 생각한다면 하나님의 일을 방해하는 죄를 범할 수 있습니다. 이것은 사탄이 바라는 것이기도 합니다. 우리가 사람의 뜻을 생각하는 순간 사탄의 지배를 받게 됩니다. 사탄은 하나님의 뜻을 생각지 않고 사람의 뜻만 생각하고 내 뜻대로 살려는 자에게 찾아옵니다.

하나님의 뜻을 거부하면 어떠한 일이 생길까요? 성경에 그 예가 있습니다. 사울이 왕이었을 때 사무엘을 통해 전해 받은 하나님의 첫 명령은 아말렉 족속을 진멸하는 것이었습니다. 사무엘상 15장 3절 기록된 하나님의 명령은 지금 가서 아말렉을 쳐서 그들의 모든 소유를 남기지 말고 진멸하되, 남녀와 소아와 젖먹는 아이와 우양과 낙타와 나귀를 죽이라는 것이었습니다. 그러나 사울은 좋은 것, 가치 있는 것은 남겨두고 하찮은 것만 없앴습니다. 그리고 왕 아각은 죽이지 않았습니다. 그 결과 500여 년이 지난 후 페르시아의 재상이 된 아각 왕의 자손은 그 지역에 있는 유대인들을 전부 죽일 계획을 세웁니다. 그 재상의 이름은 하만입니다. 하만에 의해 페르시아에 있는 모든 유대인을 젊은이 늙은이 어린이 여인들을 막론하고 죽이고 도륙하고 진멸하고 또 그 재산을 탈취하라는 명령을 페르시아 왕이 내렸다고 에스더 3장 13절에 기록하고 있습니다.

하나님의 뜻에 우리는 절대복종해야 합니다. 그런데 이것이 하나님의 뜻인지 아닌지 의문이 들 때가 있습니다. 이때 우리가 기본적으로 생각해야 할 것은 하나님께서는 선이시다는 것입니다. 하나님은 선이심을 분별의 기준으로 삼아야 합니다.

하나님께서는 선하시기 때문에 우리가 어려움에 부닥쳤을 때, 고난을 주시는 분이 아닙니다. 고난이 왔을 때 우리에게로 오셔서 지켜주시고, 함께 아파하시는 분이십니다. 그리고 우리가 고난을 견딜 수 있도록, 위로해주시며 힘 주시는 분이십니다. 우리가 고난을 통해 정금 같이 단련될 수 있도록 도와주시고, 힘주시는 분이

하나님을 사랑하신다구요? 사랑이 아니라 경외입니다

십니다. 심지어 이스라엘을 괴롭혔던 이방 나라 백성들조차도 선으로 대하셨습니다. 요나서 3장에 기록하기를 하나님께서는 회개함으로써 니느웨 백성들이 멸망 당하지 않고 구원을 받을 수 있도록 하셨다고 기록하고 있습니다. 그리고 이 일을 위해서 요나 선지자를 보내셨습니다. 이러한 하나님의 선하신 뜻은 요나서 맨 마지막 구절에 뚜렷하게 나와 있습니다. 요나서 4장 11절 "하물며 이 큰 성읍 니느웨에는 좌우를 분변하지 못하는 자가 십이만여 명이요 가축도 많이 있나니 내가 어찌 아끼지 아니하겠느냐 하시니라" 하는 말씀처럼 하나님의 뜻을 분별하고자 할 때 하나님께서는 선이시다는 것을 기준으로 삼는 것은 매우 중요합니다.

그리고 하나님의 뜻을 따라 행하는 것도 매우 중요합니다. 이는 하나님의 뜻을 이루게 되기 때문입니다. "나에게 주여 주여라고 말하는 자마다 모두 천국에 들어갈 것이 아니고, 다만 하늘에 계신 내 아버지의 뜻대로 행하는 자라야 들어갈 것이다"라는 마태복음 7장 21절 말씀을 항상 기억하면서 하나님의 뜻이 삶의 기준이 되는 삶을 사십시오.

선

하나님은 선하십니다. 선은 하나님의 본성입니다. 그러므로 우리가 흔히 사용하는 선과는 차이가 있습니다. 이는 예수님을 통해 확연히 드러납니다. 예수님께서는 선한 목자이십니다. 그래서 양을 위해 목숨을 버리셨습니다. 요한복음 10장 14절에서 15절에 "나는 선한 목자라 나는 내 양을 알고 양도 나를 아는 것이 아버지께서 나를 아시고 내가 아버지를 아는 것 같으니 나는 양을 위하여 목숨을 버리노라"라고 말씀하셨습니다. 그러므로 선하다는 의미는 양을 위해 목숨을 버릴 정도로 사랑과 희생하는 마음을 뜻합니다. 하나님의 선하심은 우리가 선하다고 하는 의미와는 확연히 다름을 알 수 있습니다.

예수님께서는 양을 보호하는 목자이시기 때문에 예수님을 배반한 유다가 군대와 대제사장들과 바리새인들의 아랫사람들과 함께 무기를 들고 왔을 때 제자들을 적극적으로 보호하셨습니다. 요한복음 18장 8절에 "내가 너희들이 찾는 자이므로 이 사람들이 가는 것을 용납하라"라고 말씀하셨습니다. 그래서 제자들은 그 현장에서 어떠한 해도 입지 않았습니다. 이는 "아버지께서 내게 주신 자 중에서 하나도 잃지 아니 하였사옵나이다"라는 요한복음 17장 12절 말씀을 이루는 것이기도 합니다.

하나님을 사랑하신다구요? 사랑이 아니라 경외입니다

이러한 예수님의 모습을 보면, 세례 요한이 예수님에 대해 하신 말씀이 기억납니다. 요한복음 1장 29절에 세례 요한이 예수님을 보며, "세상 죄를 지고 가는 하나님의 어린 양이로다"라고 하였습니다. 어린양 예수님께서 재판을 받던 날은 유월절 준비일이요, 제 육시는 제사장들이 성전에서 유월절 양을 잡던 시각이었습니다. 그리고 십자가에서 예수님의 목을 축이는데 쓰인 도구인 "우슬초"는 유월절 양의 피를 문설주에 바르기 위해 사용되었던 것이었습니다. 이처럼 예수님께서는 유월절 양으로서 돌아가신 것입니다.

그리고 부활 직후 제자들에게 나타나셔서 "성령을 받으라. 너희가 누구의 죄를 사하면 사하여질 것이요 누구의 죄든지 그대로 두면 그대로 있으리라"라고 하셨습니다. 이 부분은 요한복음 20장 22~23절에 기록되어 있습니다. 예수님께서는 이처럼 제자들에게 죄를 사할 수 있는 권능을 허락하셨습니다. 그러나 우리는 이러한 생명을 살리는 일을 하기는커녕 여전히 선과 악의 갈림길에서 왔다 갔다 하기를 반복하고 있습니다. 선과 악에서 우리가 선을 택하고 이를 행해야 하는 이유가 있습니다. 그 이유는 살기 위해서입니다. 아모스 5장 14절에 "너희는 살려면 선을 구하고 악을 구하지 말지어다 만군의 하나님 여호와께서 너희의 말과 같이 너희와 함께 하시리라"라고 말씀하셨습니다. 그런데 우리는 사는 것과 선을 택해야 한다는 것을 실제로 연결을 잘 시키지 않는 것 같습니다.

아모스 선지자 시대에도 현재처럼 사람들은 물질이 풍족한 삶을 누리고는 있었지만, 가진 자는 더 가지려고 욕심을 내었고, 힘이 있고 강한 자는 힘이 없고 빈궁한 자들을 억압하고 탄압하는 일들이 많았습니다. 아모스 4장 1절에 "사마리아의 산에 있는 바산의 암소들아 이 말을 들으라 너희는 힘없는 자를 학대하며 가난한 자를 압제하며 가장에게 이르기를 술을 가져다가 우리로 마시게 하라 하는도다"라고 말씀하고 있습니다. 이러한 시대에서 하나님의 영광을 드러내기 위해서 아모스 5장 14절 말씀처럼 우리는 선을 구해야만 합니다. 왜냐하면, 하나님께서는 선 그 자체이시기 때문입니다.

그리고 우리는 하나님 안에 존재해야 합니다. 왜냐하면, 빛이 비치지 않는 그곳은 자연스럽게 어둠이 되기 때문입니다. 그리고 하나님께서는 그 자체가 선이시기 때문에 우리가 어떤 고통을 당할 때 그 고통을 주시는 원인 제공자가 절대 아니십니다. 우리는 고통을 당할 때 때로는 하나님을 원망합니다. 건물이 무너지고 다리가 무너지는 것은 하나님께서 하신 일이 아니십니다. 건축설계자와 시공자들의 비양심, 비도덕성에 문제가 있는 것입니다. 건강에 이상에 생기는 것도 마찬가지입니다. 우리가 고통을 당할 때 선하시고 자비하신 하나님께서는 우리를 위해 기도해 주시고 계십니다. 하나님께서는 이 세상을 창조하셨지만, 이 세상을 원칙도 없이 마음대로 하시는 분이 아니십니다. 그래서 우리 죗값과 맞바꾸시기 위해 독생자 예수 그리스도를 보내주셨습니다. 이러한 하나님의 사랑에 감사함으로 선하신 하나님을 닮아가는 삶을 살아야 합니다.

여호와를 아는 지식

구약 열왕기하 18장 12절에서는 "이는 그들이 하나님 여호와의 말씀을 듣지 아니하고 그의 언약과 여호와의 종 모세가 명령한 모든 것을 따르지 아니하였음이더라"라고 북이스라엘 왕조의 멸망의 원인을 이야기하고 있습니다.

가나안 땅에 들어가기 전에는 목축업으로 생계를 꾸리던 이스라엘 백성들은 가나안 땅에 정착하면서 농경 생활을 하게 되었습니다. 농사지식을 가나안 원주민들에게 배우게 되면서 원주민들이 섬기던 바알 신앙도 함께 배우게 되었습니다. 그 결과 이스라엘 백성들은 토지 소산물이 여호와 하나님이 아닌 바알 신으로부터 온다고 믿게 되었습니다. '설마 그렇게까지 했을 리가요?'라는 생각이 드십니까? 호세아 2장 8절 말씀에 "곡식과 새 포도주와 기름은 내가 그에게 준 것이요 그들이 바알을 위하여 쓴 은과 금도 내가 그에게 더하여 준 것이거늘 그가 알지 못하도다"라고 기록되어 있습니다. 이스라엘 백성들은 모든 것들을 하나님께서 주신다는 사실을 알지 못하고 있다고 말씀하고 있습니다. 이처럼 엄청난 일들이 벌어지고 있었지만, 그들은 그것이 잘못된 생각인 줄 모르고 있었습니다. 바알 신이 자신들의 생활에 깊숙이 파고들었기 때문에 그리고 그것이 일상화되면서 자연스럽게 동화되고 있었습니다.

어떻게 이런 일이 가능할 수 있었을까요? 악의 세력들이 이스라엘 민족을 하나님과 멀어지게 하려고 얼마나 간악한 수법을 쓰는지 한번 살펴보겠습니다. 간악이라고 표현한 이유는 악을 악이라고 인지하지 못한 채 이스라엘 백성들이 당하고 있었기 때문입니다. 이스라엘 왕국이 남북으로 분단된 이후에 여로보암 왕은 북쪽의 단과 남쪽의 벧엘에 송아지 형상을 만들어 여호와의 상징으로 세웠습니다. 송아지와 황소는 바알 종교의 상징이기도 합니다. 그래서 이스라엘 백성들은 바알 신앙을 받아들이는 데 별로 거부감이 없었습니다. 숭배하는 형상이 똑같았기 때문에 나도 모르는 사이에 자연스럽게 바알신을 받아들이도록 악의 세력들은 간악한 계략을 꾸몄던 것입니다. 같은 형상을 믿도록 하는 전략 외에 신들의 이름도 같게 하는 전략도 세웠습니다. 가나안 지역의 최고 신은 엘이라고 하는 신이었습니다. 그리고 바알은 엘의 아들이었습니다. 그런데 이스라엘 민족은 여호와 엘로힘도 "엘"이라고 불렀기 때문에 가나안의 신을 받아들이는 데 별로 이질감이 없었습니다. 이처럼 영적 분별이 없었던 이스라엘 백성들은 자연스럽게 여호와와 바알신을 동시에 믿게 되었습니다. 그래서 혼합종교의 모습을 띠게 되었습니다.

이러한 행위가 십계명 중 첫 번째 계명을 어기고 있다는 사실을 깨닫지 못할 정도로 선과 악에 대한 구별능력이 없었습니다. 그래서 이스라엘의 예언자들은 계속해서 백성들에게 경고하고 있었습니다. 혼합주의 믿음을 지닌 채 여호와께 드리는 예배는 받지 않겠다고 호세아 6장 6절에 "나는 인애를 원하고 제사를 원하지 아니하며 번제보다 하나님을 아는 것을 원하노라"라고 말씀하고 있습니다. 하나님께서는 이스라엘 백성들이 제대로 하나님을 앎으로써 제대로 된 믿음을 보이기를 원하시고 계시는 것입니다. 그래서 여호와께 돌아오라고 호세아 6장 1절에 말씀하고 있습니다. 그리고 여호와를 알아야 한다고 호세아 6장 3절에 말씀하고 있습니다.

그 당시 가나안에 살았던 이스라엘 백성들이 자신들이 종교 혼합 상태에 있었다는 사실을 꿈에도 몰랐듯이 지금 우리도 종교 혼합주의가 우리 곁에 와 있다는 사실을 인지하지 못한 채 신앙생활을 하고 있지는 않은지 한번 깊이 생각해 볼 필요가 있습니다. 오늘날 종교 다원주의가 기독교에 깊이 뿌리 내리려고 하고 있습니다. 그리고 모든 종교를 통합하려는 시도가 오래전부터 진행되고 있습니다. 그리고 학교 공부를 통해 인간 중심, 나 중심의 헬라적 사고들이 우리도 모르는 사이에 우리 내면에 깊이 뿌리 내리고 있습니다. 그러므로 모든 것을 하나님 편에 서서 생각하는 습관을 갖는 것이 매우 어렵습니다. 오히려 하나님 편에 서서 생각하는 것이 아니라 나 자신 중심으로 생각하는 것이 자연스럽게 되어버렸습니다.

이처럼 나 중심의 헬라적 사고를 하면 하나님의 말씀을 바로 이해하는 데 어려움이 있습니다. 그러므로 하나님을 경외하는 것이 지식의 근본임을 잊지 말고 하나님을 경외하는 자세를 항상 견지해야 합니다. 하나님을 경외하지 않고, 인간 중심, 나 중심의 사고가 조금이라도 있으면 나도 모르게 종교 혼합주의를 신봉하고 있는 나 자신을 발견할 것입니다. 우리의 사고를 하나님 중심으로 바꾸는 훈련을 끊임없이 함으로서 하나님의 백성으로 날마다 거듭나십시오.

분별

열왕기상 22장에는 전쟁을 하려는 아합왕이 그 전쟁에 대한 하나님의 뜻을 묻는 내용이 기록되어 있습니다. 하나님의 뜻은 선지자들을 통해 전달되기 때문에 아합왕은 선지자들을 모아놓고 하나님의 뜻을 물어봅니다. 선지자들이 어떠한 말을 하든지 이미 아합왕의 뜻은 전쟁하여 영토를 빼앗겠다는 욕심이 있었기 때문에 그 전쟁을 하면 이길 수 있다고 하는 선지자의 말만 들을 수 있으며, 그 외의 예언은 들을 귀가 없었습니다. 아합왕은 선지자의 예언을 듣기 전에 먼저 자기 탐욕에 속아 넘어갔습니다. 탐욕이 가득한 마음인데 하나님의 목소리가 전해지겠습니까? 우는 사자는 삼킬 자를 찾고 있는데 아합왕과 같이 욕심을 가진 자는 그 사자의 사냥하기 좋은 먹잇감이 될 수밖에 없습니다.

하나님의 길을 따르는 자는 먼저 내 뜻과 내 욕심을 꺾어야 합니다. 내 욕심을 꺾은 후에야 그리고 내 뜻을 버린 후에야 하나님의 뜻을 들을 수 있습니다. 우리 안에는 하나님께서 내주하고 계십니다. 하나님께서는 선하시기 때문에 나의 마음 밭에 욕심이 있다면 우리는 하나님을 받아들일 공간이 없습니다. 왜냐하면, 하나님을 받아들이는 그 통로를 욕심이 가로막고 있기 때문입니다. 그러나 그 욕심을 내려놓는 순간 하나님의 마음이 내 마음에 그대로 전해지게 됩니다. 나의 뜻이 아닌 하나님의 뜻대로 살 수 있게 됩니다. 기도할

하나님을 사랑하신다구요? 사랑이 아니라 경외입니다

때에도 욕심을 가진 채 하나님께 기도한다면 그 기도는 내가 이루고 싶어 하는 그 욕심을 이루게 해 달라는 기도로 기도의 내용이 흐르기 마련입니다. 우리가 기도하는 목적이 하나님으로부터 나의 욕심에 대한 정당성을 확정하고자 함이 아니라 온전히 하나님의 뜻을 듣고 따르고자 함임을 항상 기억해야 할 것입니다.

우리는 하루를 살면서 수많은 결정을 하면서 살고 있습니다. 그때마다 하나님의 뜻을 물을 때가 있고, 그렇지 않은 경우도 있습니다. 그러므로 우리가 기도할 때에는 언제나 하나님의 뜻에 합당한 결정을 내릴 수 있도록 지혜를 구하는 간구를 해야 합니다. 중대하거나 급한 일이 닥쳤을 때 우리는 부랴부랴 하나님께 기도를 드리지만, 이때에는 하나님의 뜻을 곡해할 가능성이 큽니다. 왜냐하면, 어느 한쪽으로만 해달라는 간절함을 가진 채 기도를 하기 때문입니다. 그리고 '선하신 하나님께서 선한 방향으로 이루어주시겠지'라고 하는 생각을 갖고 있지만, 중요한 것은 내가 원하는 방향이 선하다는 것을 믿고 있다는 것입니다. 그리고 자신이 원하는 방향으로 흘러가지 않으면 하나님을 원망하는 마음이 생기게 됩니다.

나의 욕심을 내려놓는 것은 너무나 중요합니다. 욕심은 나의 눈을 가리어 하나님을 볼 수 없게 하고, 나의 귀를 가리어 하나님 음성을 듣지 못하게 합니다. 또한 나의 마음을 가리어 하나님과의 통로를 원천적으로 막아버리고, 욕심은 나의 입장에서 하나님을 내 쪽으로 끌어당기려는 생각에서 발현하게 됩니다. 왜 이러한 일들이 생길까요? 원천적인 죄 때문이기도 하지만 우리가 매일 보는 성경의 경우를 한번 살펴보겠습니다.

성경은 종류가 많이 있습니다. 같은 내용이라도 성경에 따라 표현하는 방식이 조금씩 다릅니다. 어떻게 표현이 다른지 룻기 2장 20절을 한번 살펴보겠습니다. 먼저 개역 개정을 보면 "룻이 여호와로부터 복 받기를 원하노라"라고 표현되어 있습니다. 그러나 개역 한글에는 "여호와의 복이 룻에게 있기를 원하노라"라고 표현되어 있습니다. 두 개의 성경을 비교해보면 한쪽은 룻이 주어고 또 다른 성경에는 하나님이 주어로 되어 있습니다. 우리는 룻이 여호와로부터 복 받기를 원하는 기도가 아닌 여호와의 복이 룻에게 있기를 원하는 기도를 해야 합니다. 하나님께서 온전히 나의 주어로서 자리매김을 하기 위해서는 내 삶의 주인은 하나님이시라는 생각이 나를 완전히 지배하지 않으면 안 됩니다.

인간 중심적인 사고가 팽배하고 있는 시대에 살기 때문에 더욱더 우리는 우리의 모든 것이 하나님께서 주체가 되고 주어가 되는 사고를 가져야 합니다. 나의 삶이 나의 것이라는 생각을 가지는 순간 더 이상의 영적 성장은 이루어지지 않을 것이며, 오히려 퇴보될 것입니다. 나의 신앙의 연수는 더할 수 있지만, 나의 영적인 연수는 감소 될 것입니다. 우리는 어제보다 더 나은 오늘의 영적 성장을 이룩해야 합니다. 그렇게 하기 위해 나의 것을 내려놓는 정도가 아니라 나의 것을 모두 버리고 온전히 하나님의 뜻을 받들지 않으면 안 됩니다. 하나님의 뜻만을 온전히 받드는 소명자가 되십시오.

하나님의 이름

우리는 하나님으로부터 기도에 대한 응답이 없으면 자기 수준에서 할 수 있는 최선의 방법을 행하려는 경향이 있습니다. 그리고 그러한 생각을 하나님께서 주신 것이라고 생각하고 자신이 행하려는 방법이 하나님의 뜻이라고 애써 믿으려고 하는 경향도 있습니다. 하나님으로부터 응답받았다고 이야기하는 사람도 있습니다.

사라를 통해 아들을 낳아주게 하겠다고 하나님께서 말씀하셨을 때 사라는 100세 된 남편 아브라함과 99세 된 내가 어떻게 출산하겠느냐는 인간적인 판단을 하였습니다. 그리고 아들을 주시겠다고 하는 하나님의 말씀에 대해 기다리다가 지친 아브라함과 사라는 인간적이고 현실적인 방법을 택하게 됩니다. 그래서 너를 통해 아들을 주시겠다고 하시는 하나님의 말씀에 대해 "너를 통해"라는 부분이 아닌 "아들을 주시겠다"고 하신 부분에 방점을 두었습니다. 사라를 통해 아들을 주시겠다는 하나님의 말씀을 왜곡하여 인간적인 방법을 통해서라도 아들을 주시겠다는 하나님의 약속이 실현될 수 있을 것이라는 왜곡된 믿음을 가졌던 것입니다.

지금 우리는 그때 상황에 대해 아브라함과 사라가 인간적인 방법을 택하였다고 판단하지만, 그 당시 당사자의 경우에는 이를 감지하지 못하였던 것 같습니다. 왜냐하면, 아브라함이 100세 이기 때문에 자식을 낳기 힘들 것이라는 현실적인 생각을 하고 있어서 혹시 젊은 몸종을 통해 자식을 낳게 된다면 그것도 하나님의 은혜라고 생각했을 수 있었기 때문입니다. 하나님의 방법은 우리의 상상을 뛰어넘는 방법인데도 우리는 조급한 마음에 우리의 방식을 하나님의 방식에 애써 갖다 맞추려합니다.

창세기 17장을 보면 하나님께서 아브라함에게 나타나셨습니다. 그리고 당신 자신을 "나는 전능한 하나님이라"라고 소개하십니다. 하나님의 전능하심을 온전히 신뢰하지 못한다면, 아브라함과 사라의 경우처럼 하나님을 믿는다고 하면서도 인간적인 방법을 찾을 것입니다. 아브라함과 사라의 경우를 보면서 믿음이란 하나님의 전능하심을 끝까지 믿고 신뢰하는 것임을 알 수 있습니다. 이처럼 전능하신 하나님께서 자신의 이름에 대해 말씀하신 성경 구절이 있습니다. 출애굽기 3장 14절 "나는 스스로 있는 자"란 말씀입니다. 스스로 있는 자를 발음하면 야훼 즉 여호와가 됩니다. "여호와가 나의 영원한 이름이요 대대로 기억할 나의 칭호니라"라고 다음 절인 출애굽기 3장 15절에 말씀하고 있습니다. "여호와"라는 이름은 하나님께서 친히 계시해주신 하나님의 이름입니다.

현재 지구상에는 많은 신이 있습니다. 일본에는 무려 8백만의 신이 있다고 합니다. 이 모든 신의 이름은 인간이 직접 이름을 붙인 것입니다. 예를 들어 가나안들이 믿었던 바알신의 의미는 '주인, 소유자'를 의미합니다. 그래서 예배자가 바알 신을 부르는 순간, 그것은 바알 신이 자신의 주인이며, 소유자임을 인정하고 맹목적으로

하나님을 사랑하신다구요? 사랑이 아니라 경외입니다

받들겠다는 뜻을 표하는 것이 됩니다. 하나님을 맹목적으로 순종해야 한다고 생각하신다면 혹시 내 마음속에 하나님을 바알 신으로 생각하는 경향이 있지는 않은지 생각해볼 필요가 있습니다.

"스스로 있는 자"라고 이름을 밝히신 하나님께서는 이름 그대로 인격적인 하나님이시고 우리를 사랑하시고 우리의 죄를 용서하시는 하나님이십니다. 맹목적으로 순종하는 것을 원하시는 하나님이 아니십니다. 이러한 하나님을 우리는 경외하고 마음에서 우러러 나오는 순종을 하게 됩니다. 억지로 형식적으로 행하는 것을 하나님께서는 인정하지 않으십니다. 오히려 그러한 행동을 아주 싫어하십니다. "스스로 있는 자"이신 여호와 하나님께서는 이름 그대로 우리에 대해 추구하시는 것이 우리 스스로의 자유로운 결단을 통해 하나님의 뜻을 수행하기를 기다리시는 열려있는 하나님이십니다. 우리의 인격을 소중히 여기시고 진심으로 사랑하셔서 구원받기를 원하시는 뼛속까지 사랑으로 뭉쳐져 있는 인격의 하나님, 사랑의 하나님이십니다. 그러므로 그 인격에 맞추어 우리 스스로가 하나님의 이름을 망령되이 나의 이익에 부합하여 사용하면 안 됩니다. 하나님께서도 이를 십계명 중 제3계명에 인용할 만큼 엄격하게 금하고 계십니다. 하나님의 이름만을 높여드리는 자가 되어야 합니다.

참되게 예배하는 자

우리는 1주일에 한 번 이상 예배를 드립니다. 많이 참석하시는 분은 새벽예배, 수요예배, 금요예배, 주일예배 등을 포함하면 1주일에 10번 정도 드립니다. 그런데 예배 중심을 어디에 두고 있는지에 대해 생각해보신 적이 있으십니까? 예배 중심은 하나님이 아니냐, 그것은 당연한 것 아니냐라고 생각하실 것입니다. 그러면 100% 하나님 중심으로 예배를 드리고 있는지에 관해 물어본다면 어떻게 대답하실 것입니까?

제가 상담했던 사례가 있습니다. 그분은 지적 장애인 사역을 하고 계시는 교사였습니다. 하나님을 믿지 않던 지적 장애인을 데리고 자신이 다니던 교회에 갔습니다. 예배 도중 그 지적 장애인은 소리를 질렀습니다. 예배를 마친 후 어떤 성도가 담임목사에게 예배드리는 데 방해가 되었다고 불평을 하였습니다. 그 목사님은 장애인을 데리고 간 그분에게 성도의 불만을 이야기하면서 장애인을 안 데리고 왔으면 좋겠다고 하시면서 이를 에둘러 표현하였습니다. 그렇지만 하나님을 믿는 것이 중요하다고 생각한 그 선생님은 새로운 장애인을 전도하면서 계속 데리고 갔습니다.

여러분들은 이 상황에 대해 어떻게 생각하십니까? 예수님이라면 어떻게 하셨을까요? 불평하신 분은 예배에 집중하고 싶은데 집중할 수 없다는 생각이었을 것입니다. 예배에 집중하고 싶은데 방해하는 그 사람 때문에 집중하지 못하고 불평한 그 사람의 예배에 집중하려는 그 마음을 하나님께서 받아주시면서 좋아하실까요? 아니면 그 장애인의 아픈 신체를 낫게 해 달라고 하나님께 간절히 매달리는 심정으로 예배에 임하는 그 마음을 하나님께서 받아주실까요? 예배에 집중하지 못해 불평하는 그 성도의 뜻을 그대로 전하는 목사님의 행동을 하나님께서 좋아하실까요? 아니면 장애인의 그러한 행동을 이해하고 함께 기도하자고 불평을 한 성도에게 이야기하는 목사님의 행동을 하나님께서 좋아하실까요?

의외로 예배의 주체를 나 자신에게 두려는 사람들이 있습니다. 하나님께서 온전히 예배의 주체가 되심을 인정해야 하지만, 그러한 마음을 가지는 것이 의외로 쉽지 않다는 것을 우리는 알 수 있습니다. 예수님이라면 어떻게 결정을 내렸을까요? 예수님께서는 양 일백 마리에 대한 가치를 숫자에 두지 않고 대열에서 이탈한 한 마리에 대해 더 많은 관심을 기울이시는 분이십니다. 하나님의 마음을 우리는 익히 알고 있지만, 우리가 어떤 결정을 할 때는 한 마리가 아닌 아흔 아홉 마리에 더 큰 관심을 가질 수 있습니다. 그리고 나의 신앙에 방해가 되면 그 아픈 자의 사정을 애써 외면할 수도 있는 우리들의 신앙입니다. 우리는 성경에서 나오는 수많은 사람의 행동과 결정에 대해 비평을 하거나 판단을 합니다. 그러나 그 사건이 나의 문제가 되었을 때 내가 평소에 생각했던 그 결정과는 다른 결정과 행동을 하게 됨을 알 수 있습니다.

우리는 예배를 드릴 때 하나님께 참된 예배를 드리고 싶어 합니다. 요한복음 4장 23절에 "하나님께 참되게 예배하는 자는 영과 진리로 예배하는 자"라고 말씀하고 있습니다. 이때 영은 성령님을 뜻합니다. 요한복음 15장 26절에 성령님은 진리의 성령이라고 말씀하고 있습니다. 그러므로 성령님께서 예수 그리스도를 통해 계시된 진리 안에서 예배를 주도하실 때에 우리는 참된 예배를 드릴 수 있습니다. 그리고 예수님께서는 내가 길이요 진리요 생명이라고 선언하셨기 때문에 진리이신 하나님을 계시하신 예수님께서는 진리 그 자체이십니다. 그러므로 우리 각자에 임재하시고 계신 성령님께서 우리가 진리를 깨달을 수 있도록 역사하지 않으시면 우리는 결단코 참된 예배자가 될 수 없습니다.

그럼에도 불구하고 우리는 설교자를 통해 전해지는 하나님의 말씀을 우리의 지식을 통해 이해하고 분석하려고 합니다. 하나님께서 찾으시는 예배란 결코 예배자의 인위적이고 자의적인 노력에 의해 드리는 예배가 아님을 우리는 항상 기억해야 합니다. 예배자의 상황과 환경과 편의와 요구로부터 시작하는 예배는 하나님이 찾으시는 예배가 아닙니다. 참 예배는 예배자 자신이 영과 진리에 완전히 의지할 때 비로소 참 예배자가 될 수 있습니다. 일주일에 단 한 번의 예배를 드려도 하나님께서 찾으시는 참 예배자가 되십시오.

야곱

야곱은 외삼촌 라반을 떠나 고향으로 돌아가는 길에 얍복강 가에 도달하게 됩니다. 형 에서가 400명의 장정을 이끌고 자신에게 오고 있다는 소식을 듣고 자신의 가족과 모든 재산을 먼저 보내고 자신은 맨 뒤에 홀로 남았습니다. 평생 일궈 놓았던 모든 재산이 형 에서에게 언제든지 빼앗길 수도 있는 상황이었습니다. 게다가 야곱 은 상처가 아주 많은 사람이었습니다. 지난 20년 동안 외삼촌 덕에 머물면서 지속해서 속았기 때문입니다.

20년간 타향살이를 한 야곱이 지난 세월에 대해 정의한 성경 구절이 있습니다. 창세기 31장 41절에서 "내가 외삼촌의 집에 있는 이 이십 년 동안 외삼촌의 두 딸을 위하여 십사 년, 외삼촌의 양 떼 를 위하여 육 년을 외삼촌에게 봉사하였거니와 외삼촌께서 내 품삯 을 열 번이나 바꾸셨다"라고 고백하고 있습니다. 그리고 외삼촌에 의해 일방적으로 당하는 과정에서 어느 사람 하나 자신의 편이 되어 주지 않고 철저히 혼자였다고 야곱은 느끼고 있었습니다. 홀로 남게 된 지금 자신의 존재를 생각해보면 외로움과 배신과 형 에서를 만날 생각에 두려움까지 있는 이때 누군가가 씨름을 요청해 왔습니다.

야곱은 씨름에 응하였고, 날이 밝도록 씨름하다가 상대방이 보 통 분이 아니라는 사실을 알게 된 그즈음 상대방은 야곱의 허벅지 뼈를 쳐서 힘을 못 쓰게 만듭니다. 야곱이 그분에게 축복해 달라고 요청하였을 때 그분은 야곱의 이름을 물었습니다. 그리고 야곱이 아닌 이스라엘이라는 새로운 이름을 받게 됩니다. 이스라엘은 "하나님과 싸워서 이겼다"라는 의미이므로 그때 자신이 하나님과 씨름하였다는 사실을 완전히 알게 되었습니다. 그 순간 고향을 떠나 외삼촌 라반의 집으로 향하던 20년 전에 만났던 하나님을 상기하게 됩니다.

베델에서 만났던 하나님께서는 자신에게 내가 너와 함께 있어 네가 어디로 가든지 너를 지키며 너를 이끌어 이 땅으로 돌아오게 할 것이라고 약속하셨습니다. 그 말씀이 다시 생각나는 순간 지난 20년간 자신은 외롭게 혼자가 아니었고 하나님께서 자신을 지켜주셨고 이끌어 주셨다는 사실을 깨닫게 됩니다. 하나님께서 항상 함께 하시고 계신다는 사실을 야곱은 몰랐기 때문에 하나님께서 직접 나타나셔서 함께 하고 계신다는 사실을 알게 해 주셨습니다. 그리고 이 사실을 평생 기억하며 살라고 허벅지 뼈까지 골절시키기까지 하시면서 그 증거를 남겨 주셨습니다. 타향에서 항상 혼자라는 사실에 나그네의 삶이라고 느꼈는데 하나님께서 항상 함께하셨다는 사실을 깨닫게 된 야곱은 완전히 새로운 사람이 되었습니다.

형에게 빨리 진심으로 용서를 구하고자 야곱은 제일 먼저 앞장을 섰습니다. 형 에서를 만나는 순간 절뚝거리는 몸을 이끌고 일곱 번 땅에 몸을 대는 자세를 취하면서 용서를 구하는 마음을 표현하였습니다. 이것을 본 에서는 마음이 확 바뀌었습니다. 에서는 달려와서 그를 맞이하여 안고 목을 어긋 맞추어 그와 입 맞추고 서로

하나님을 사랑하신다구요? 사랑이 아니라 경외입니다

울었다고 성경은 기록하고 있습니다. 이러한 장면을 보면 허벅지 뼈를 다치시게 한 하나님의 깊은 뜻을 우리는 알 수 있습니다.

야곱의 이야기는 장자권을 얻기 위해 수단과 방법을 가리지 않고 하나님의 축복을 차지해야 한다는 의미를 주기 위한 이야기가 아니라는 사실을 우리는 알아야 합니다. 야곱의 이야기를 통해 축복은 다름이 아니라 하나님과 함께하심이 바로 축복이라는 사실을 우리에게 알려주고 있습니다. 예수님께서 십자가에서 우리 죄를 위해 돌아가신 이후 우리에게는 성령 하나님께서 항상 임재하고 계십니다. 그러므로 야곱을 향한 하나님의 동일한 축복을 우리는 지금 받고 있다는 사실을 알 수 있습니다. 얼마나 감사한 일입니까?

상처를 받았을 때, 힘들 때, 얍복 강가에 홀로 남게 된 야곱이 혼자라고 느꼈던 동일한 마음을 우리도 갖게 됩니다. 하지만 우리는 혼자가 아닙니다. 하나님께서 언제나 우리를 지켜주시고 계십니다. 그러므로 우리가 할 일은 욕심을 버리는 것입니다. 그리고 자신을 내려놓는 것입니다. 믿음이란 하나님께서 항상 함께하고 계시다는 사실을 잊지 않고 하나님을 절대 신뢰하는 것입니다. 하나님을 향한 믿음을 더욱더 공고히 하면서 하나님과 동행하는 삶을 사십시오.

권력

교회 공동체 내에서 분쟁이 생겨 서로 싸움을 하는 경우가 흔하지는 않지만 어쩌다 볼 수 있습니다. 그리고 노골적으로 다투지는 않지만, 누구누구 편이라고 하면서 암묵적으로 편이 갈라져 감정의 골이 생기는 경우는 교회 내에서 제법 많이 있습니다. 이러한 상황이 발생한다면 여러분은 어떠한 생각이 드십니까? 과연 나는 어떤 선택을 할지 생각을 해 보신 적이 있으십니까? 이 문제에 대한 해답은 뜻밖에도 쉽게 찾을 수 있습니다. 갈라디아서 1장 10절에서의 말씀처럼 사람을 기쁘게 해야 하는가 아니면 하나님을 기쁘게 해야 하는가? 라는 질문을 스스로 해 보시면 그 해답은 자연히 얻으실 수 있을 것입니다.

교회 내에서 권력을 가진 자가 권력을 남용할 때 이에 동조함으로써 그 사람을 기분 좋게 할 것인가? 아니면 하나님을 기쁘게 할 것인가? 스스로에게 질문을 던져 보십시오. 그러면 나 스스로가 어떠한 결정을 내려야 하고, 어떠한 행동을 해야 할 것인지 해답도 쉽게 내리실 수 있을 것입니다. "어떻게 해야 영생을 얻을 수 있습니까?"라는 거창한 질문에 대해 예수님께서 주신 해답은 평범하게도 "하나님을 사랑하고 이웃을 사랑하라"라고 하셨습니다. 이 말씀은 누가복음 10장 25절~27절에 기록되어 있습니다. 이처럼 우리가 추구해야 할 우리들의 삶의 초점은 오로지 하나님이어야 한다는 것입니다.

이웃을 사랑하는 것도 하나님을 사랑하는 그 마음으로 사랑해야 합니다. 하나님을 사랑하는 마음과 이웃을 사랑하는 마음이 다르면 안 됩니다. 이웃을 사랑하라고 하셨기 때문에 이웃을 사랑한다면 그것은 의무감으로 사랑하게 되는 것입니다. 의무감으로 인한 그 사랑 안에는 나도 모르는 우월감에 사로잡힌 나를 발견할 수 있게 됩니다. 우리가 하나님을 사랑할 때는 우리가 하나님보다 더 잘났다는 생각 자체를 갖게 되지 않습니다. 하나님을 사랑하는 마음은 경외심에서 나오는 사랑이기 때문입니다.

예수님께서는 하나님을 사랑하는 그 마음을 담아서 이웃을 사랑해야 한다고 말씀하고 있습니다. 그리고 강도 만난 자에게 자비를 베푸는 자를 그 예로 말씀하고 있습니다. 강도 만난 자는 분명 돈을 다 빼앗겼을 것이므로 가진 돈이 없을 것입니다. 게다가 몸은 다 죽게 된 상태였습니다. 그런 사람을 주막까지 데리고 가서 치료를 받게 해주었습니다. 이러한 마음은 어떤 것도 바라지 않고 순수한 마음에서 나온 행동이었습니다. "무엇을 하여야 영생을 얻으리까?"라는 질문에 예수님께서는 하나님을 사랑하라고 말씀하셨을 때 그 사랑은 대가를 바라지 않는, 순수하게 하나님을 경외하는 마음에서 나온 사랑입니다. 구원을 얻기 위하여 하나님을 사랑한다면 그것은 사랑이 아닙니다. 구원받기 위해 사랑하는 것은 사랑이 아니고 거래입니다. 부모는 자식에게 헌신합니다. 헌신한다는 것은 손해를 보고도 그 손해가 즐거운 것입니다. 자식에게 "내가 지금 너에게 이렇게 해주는 것은 나중에 내가 나이 들었을 때 갚아 줘야 해"라고 말하면서 자식에게 헌신하는 부모는 없습니다. 부모와 자식 간에는 거래가 성립되지 않습니다. 더욱이 우리가 우리 몸에 대해서는 거래 개념 자체가 성립되지 않습니다.

이웃을 네 몸과 같이 사랑하라고 말씀하셨을 때 이웃을 사랑하는 그 마음에 거래의 개념이 조금도 있어서는 안 됩니다. 오른손이 한 일을 왼손이 모르게 한다는 것은 내가 상대방에게 어떤 도움을 주었는지 돌아서는 순간 잊어버려야 한다는 의미입니다. 그래야 내 몸과 같이 이웃을 사랑하게 되는 것입니다. 어떻게 그렇게 할 수 있을까요? 나를 버리면 됩니다. '나'라는 존재는 내가 가진 소유, 즉 나의 학력, 재력, 지위 등 내가 가진 모든 것을 포함하고 있습니다. 예를 들면 삼성에 근무한다면 삼성은 나의 백그라운드가 될 수 있습니다. 필요할 때 삼성의 법무실에서 나를 도와줄 수도 있습니다. 그러므로 내가 소유한 것에는 삼성그룹이 은연중 포함될 수 있습니다. 그러므로 권력을 많이 가지고 있을수록 어느 날 그 권력을 잃어버렸을 때 그 상실감은 권력의 크기와 비례해서 매우 클 것입니다.

하나님께서는 우리에게 이처럼 나의 소유로 인해 과대 포장된 나의 존재가 아니라 포장지를 다 뜯고 난 후의 나의 존재 그 자체만으로 하나님을 대하고 이웃을 대하라고 끊임없이 요구하고 계십니다. 나의 소유는 진정한 내 것이 아닙니다. 하나님께서 거둬가시면 그만입니다. 모든 것은 다 하나님 것입니다. 나의 소유를 빼고 나라는 존재만 보면 이 세상 모든 사람이 평등하고 그 가치도 동일합니다. 이웃을 내 몸과 같이 사랑하는 자가 되십시오.

하나님의 축복

하나님께서는 인간을 창조하실 때 엄청난 사랑으로 창조하셨습니다. 예술가가 어떤 창작품을 발표하면서 이 작품은 나의 분신이라고 말하는 것을 들은 적이 있을 것입니다. 물론 이 비유는 매우 약하지만, 창조주 하나님께서 인간을 창조하실 때 어떠한 마음이셨는지 조금은 알 수 있을 것 같습니다. 하나님께서 사람을 창조하실 때 보여주신 그 사랑에 대해 창세기 2장 7절에 "여호와 하나님이 땅의 흙으로 사람을 지으시고 생기를 그 코에 불어 넣으시니 사람이 생령이 되니라"라고 말씀하고 계십니다. 하나님께서 생기를 불어넣어 살아있는 영으로 만들어 주심으로 다른 피조물과는 비교할 수 없을 정도의 특별한 존재로 사람을 만들어 주신 것입니다.

그러나 창조될 때부터 하나님으로부터 받은 사랑에도 불구하고 하나님께 순종하지도 않았고, 하나님께서 지키라고 명령하신 것을 지키지도 않았으며 심지어 인간을 창조하신 것을 후회하게끔 하였는데도 불구하고 하나님께서는 인간을 구원하시기로 계획을 세우시고, 독생자를 십자가에서 죽이시기까지 하시면서 사랑하고 계십니다. 그러면 우리 인간들은 어떤 자세를 지녀야 할까요? 하나님 말씀에 순종해야 합니다.

그런데 하나님 말씀에는 어떤 특징들이 있습니다. 첫 번째, 우리에게 지키라고 하시는 그 명령은 창조주이신 하나님과 피조물인 우리 인간을 구분시켜주는 최소한의 가이드라인이라는 것입니다. 에덴동산에서 하나님께서 아담에게 하신 명령은 동산 가운데에 있는 선악을 알게 하는 나무의 열매는 먹지 말라는 것이었습니다. 지키기 어려울 정도로 복잡한 명령이 아니었습니다. 동산 중앙에 있는 나무의 열매는 먹지도 말고 만지지도 말라는 것입니다. 먹거나 만지면 너희가 죽게 된다고 말씀하셨습니다. 선악을 알게 하는 나무는 동산 한가운데 있었기 때문에 그 나무를 보면서 세상의 중심은 하나님이시라는 사실을 인식하면서 살아갔을 것입니다.

뱀은 하와에게 하나님과 같이 될 수 있다고 유혹하였습니다. 창세기 3장 5절 "너희가 그것을 먹는 날에는 너희 눈이 밝아져 하나님과 같이 되어 선악을 알 줄 하나님이 아심이니라"라는 말씀입니다. 평소에 아담과 하와는 동산 중앙에 있는 선악을 알게 하는 나무를 보면서 나도 세상의 중심이 한번 되어 보았으면 좋겠다고 생각하고 있었던 것 같습니다. 그렇기 때문에 뱀의 유혹에 단번에 넘어갔습니다. 학교에서의 인본주의 사상 또한 세상의 중심은 인간이라는 것을 바탕으로 두고 있습니다. 마치 아담과 하와가 꿈꿨던 그 바램을 그대로 옮겨 놓은 것 같습니다.

하나님을 믿는다는 것은 이 세상의 중심이 하나님이시라는 것을 깨닫는 것이라고 할 수 있습니다. 그래서 하나님을 받아들이는 순간 나 중심으로 살아온 지난날에 대해 회개의 눈물을 흘리게 되는 것입니다. 그리고 이제부터는 하나님 중심으로 살아가야겠다는 다짐을 하게 되는 것입니다. 이러한 다짐을 통해 에덴동산에서 죄 짓기 전의 하나님과 아담과의 올바른 관계가 회복되는 것입니다. 여기에서 올바른 관계란 주권이 하나님께 있다는 사실을 고백하는 것입니다. 주권이 하나님께 있다는 사실을 고백하는 것은, 모든 생명의 근원은 하나님이시며, 하나님과의 관계가 끊어지면 그래서 하나님의 돌보심이 없어지면 그것은 바로 죄로 연결되어 죄를 지을 수밖에 없다는 사실을 깨닫는 것입니다. 그리고 그것은 영원한 사망으로 연결된다는 것도 깨닫는 것입니다.

하나님께서 인간을 창조하실 때부터 베풀어 주셨던 그 사랑은 현재도 변함이 없으시며, 변함없으신 그 사랑으로 말미암아 구원의 계획을 세우시고 독생자 예수 그리스도를 이 땅에 보내주시어 십자가를 통해 우리의 죄를 대속하시게 하셨던 것입니다. 인간 창조 때부터 베풀어 주셨던 그 사랑을 하나님을 믿는 우리가 그대로 받았고 지금도 받고 있으며, 받은 그 사랑을 고스란히 이웃에게 전해 주어야만 합니다. 우리는 하나님으로부터 축복을 받았다고 하면 물질적인 것을 떠올리게 됩니다. 그러나 하나님께서 함께하시면 그것이 바로 축복이고 구원입니다. 하나님으로부터 받은 사랑을 함께 나누고 싶고, 그리고 그 사랑을 나눈다면 그것이 바로 하나님으로부터 받은 축복입니다.

사랑은 나눌 때 그 가치가 존재합니다. 사랑은 나눌 때 풍부해집니다. 재물을 추구하는 것은 재물의 희소성과 한정성 때문에 한정된 재물을 누가 많이 차지하는가에 달려 있어 죄와 연결되지만 사랑은 희소성과 한정성과는 반대로 더 풍성해지기 때문에 하나님의 선입니다. 하나님으로부터 받은 사랑을 이웃에게 듬뿍 전하고 나누는 축복의 삶이 되십시오.

황금률

마태복음 7장 7절에 "구하라 그리하면 너희에게 주실 것이요 찾으라 그리하면 찾아낼 것이요 문을 두드리라 그리하면 너희에게 열릴 것이니"라고 말씀하고 있습니다. 이 구절 앞에 어떠한 조건이 없으므로 무엇이나 구하면 들어 주신다고 생각할 수도 있습니다. 그리고 11절에 "하늘에 계신 너희 아버지께서 구하는 자에게 좋은 것으로 주시지 않겠느냐"라고 말씀을 하셨기 때문에 하나님께서는 우리가 구하는 것보다 더 좋은 것을 주신다고 생각하시는 분들이 많으실 것입니다. 요한복음 15장 7절에 "너희가 내 안에 거하고 내 말이 너희 안에 거하면 무엇이든지 원하는 대로 구하라 그리하면 이루리라"라고 말씀하고 계십니다. 우리가 구하는 것을 주시는 것은 두 구절 모두 동일합니다. 그러나 마태복음 구절은 어떠한 조건도 없는데 요한복음 구절에는 조건이 있습니다. 우리가 구할 때 우리가 하나님 안에 거하고 하나님 말씀이 우리 안에 거하여야 한다고 분명히 말씀하고 있습니다.

왜 이처럼 조건을 달았을까요? 하나님의 말씀이 우리 안에 거하면 구하는 내용이 달라지기 때문입니다. 하나님께서 우리 안에 거하시면 하나님께서 원하시는 것을 우리가 구하게 됩니다. 이와는 반대로 하나님께서 우리 안에 거하시지 않은 채 기도하게 되면 우리가 원하는 것을 구하게 되며 이는 하나님께 상달되지 않습니다.

그래서 성령님께서 우리의 연약함을 도우시고 우리가 마땅히 기도할 바를 알지 못할 때 말할 수 없는 탄식으로 우리를 위해 기도하신다고 로마서 8장 26절에 말씀하고 있는 것입니다.

우리는 단 한 번의 기도를 하여도 하나님의 뜻에 합당한 기도를 하여야 합니다. 즉 내 안에 임재하신 하나님과의 교통 속에서 기도해야 합니다. 그렇지 않고 기도를 한다면 그 기도는 하나님의 뜻이 담긴 기도가 아니라 우리의 뜻이 담긴 기도가 될 것입니다. 이것이 반복되면 우리의 신앙은 자칫 기복신앙으로 가게 될 수 있습니다. 그러므로 마태복음 7장 7절의 말씀을 읽을 때 이에 대한 조건절을 앞부분에서 찾아보아야 합니다. 그래야만 요한복음 15절 7절의 말씀처럼 마태복음 7장 7절에 쓰여진 정확한 하나님의 뜻을 우리가 알 수 있게 됩니다. 마태복음 7장 7절 말씀은 6장 33절과 연결되어져 있습니다. 이를 연결해 보면 우리가 구해야 할 것은 하나님의 나라이며 하나님의 의라고 말씀하고 있음을 알 수 있습니다. 즉 우리가 구하고 찾고 두드려야 할 것은 바로 하나님의 나라와 하나님의 의입니다.

하나님의 나라를 구할 때 입술로 "믿습니다"하는 고백이 아닌 마음에서 진정으로 믿는 믿음에서 나오는 고백이어야 합니다. 그리고 그 마음은 하나님을 신뢰하는 마음이어야 합니다. 그래야 바로 그다음 절인 6장 34절 말씀처럼 내일 일을 위하여 염려하지 않게 됩니다. 우리의 기도는 주로 내일 일을 염려하는 가운데 나오는 기도가 많습니다. 하나님 나라와 의를 구하라고 말씀하셨는데 그러한 기도는 하지 않고 내일 일에 대한 염려를 해결해 주시도록 기도하는 것입니다. 이렇게 되면 하나님의 말씀과 정반대되는 길을 걸어가는 것이 됩니다. 그리고 이렇게 행동하는 자신의 신앙과 자신의 믿음에 대해서 전혀 의심을 하지 않습니다. 또한 신앙의 연수만큼 믿음의 연수도 올라간다고 생각합니다. 이것은 우리의 착각일 수 있습니다. 그래서 마태복음 19장 30절에 "먼저 된 자로서 나중 되고 나중 된 자로서 먼저 될 자가 많으니라"라고 말씀하셨는지도 모르겠습니다.

하나님께서 우리를 선택하신 것은 단지 우리의 구원에만 있지 않습니다. 그리고 선택받은 우리는 하나님께서 우리에게 주신 사명을 수행할 소명이 있습니다. 우리의 인생, 우리의 삶은 우리 것이 아닙니다. 하나님께서 주신 소명을 행하기 위해서는 먼저 우리의 자아를 포기해야 합니다. 우리의 욕심과 이기심을 포기하고 전적으로 하나님의 뜻에 합당한 삶을 살아야 합니다. 이것이 하나님께서 우리에게 주신 소명을 행하는 기본 바탕이 됩니다. 우리의 진정한 도리는 하나님께서 하나님의 백성을 구원하시고 하나님 나라를 만드는 데, 하나님의 계획이 이루어지는 데 우리가 도구로서 진정한 행함을 다하는 것입니다. 하나님의 도구로서 진정한 행함을 통해 하나님의 영광을 높이는 삶을 살아가십시오.

흙으로 사람을 지으시고

하나님께서 인간을 창조하셨습니다. 이에 대한 대표적인 성경 구절이 두 개 있습니다. 첫 번째는 창세기 2장 7절 "여호와 하나님이 땅의 흙으로 사람을 지으시고 생기를 그 코에 불어 넣으시니 사람이 생령이 되니라"라는 말씀이고, 두 번째는 창세기 1장 26절 "하나님이 이르시되 우리의 형상을 따라 우리의 모양대로 우리가 사람을 만들고 그들로 바다의 물고기와 하늘의 새와 가축과 온 땅과 땅에 기는 모든 것을 다스리게 하자 하시고"라는 말씀입니다. 창세기 1장 26절에서는 하나님의 형상을 따라 사람의 영혼을 창조하신 것에 대하여 말씀하고, 창세기 2장 7절에서는 육신을 창조하신 것에 대하여 말씀하고 있습니다. 창세기 2장 7절에 "생령이 되니라"라고 말씀하셨지만, 이때 생령의 히브리어 단어는 "네피쉬"인데 이 단어는 창세기 1장 24절에 다섯째 날 생물을 창조하실 때 사용된 단어입니다. 1장 24절에 "하나님이 이르시되 땅은 생물을 그 종류대로 내되"라는 말씀에서 생물을 뜻하는 단어가 인간을 창조하실 때 사용되었던 단어 "네피쉬"입니다. 그러므로 이 단어가 영혼을 의미하는 것보다는 육체적으로 살아 숨 쉬게 하셨다는 의미가 됩니다. 그러므로 창세기 2장 7절에 기록된 말씀은 인간이 육체적으로 어떻게 만들어졌는지에 대해 기록한 것입니다. 이 부분에 대해 자세한 의미를 부여하려고 하는 것은 아닙니다. 다만 요즘 맨발 걷기가 붐을 이루고 있고, 맨발 걷기를 통해 많은 질병이 나았다고 하기에 이 부분에 대해 말씀드리고자 합니다.

창세기 2장 7절에 하나님께서 땅의 흙으로 사람을 지으셨다고 말씀하셨습니다. 이때 흙이라는 단어를 영어 성경에는 더스트dust라고 번역되어져 있습니다. 한글로 직역하면 "그 땅으로부터 티끌로 사람을 지으시고"라고 번역할 수 있습니다. 티끌 즉, 흙을 구성하는 아주 작은 것, 이것은 흙을 구성하는 원소라고 할 수 있습니다. 사람을 구성하는 원소와 땅을 구성하는 원소는 같다고 합니다. 그러므로 하나님께서 땅에 있는 흙으로 사람을 지으신 것입니다. 실제로 땅에 있는 작은 흙덩이 안에는 많은 생물이 살고 있습니다. 지렁이와 같은 큰 생물도 있고, 곰팡이, 세균과 같은 많은 미생물도 있습니다. 이로운 곰팡이도 살고 있습니다. 페니실린을 만드는 푸른 곰팡이도 살고 있습니다.

요한복음 9장에는 태어날 때부터 눈먼 소경은 누구의 죄 때문인지 제자들이 예수님께 질문하는 장면이 나옵니다. 그 질문에 예수님께서는 누구의 죄도 아니고, 그에게서 하나님께서 하시는 일을 나타내고자 하심이라고 말씀하셨습니다. 그리고 그 소경을 낫게 하심으로 하나님의 권능을 나타내셨습니다. 그를 낫게 하시는 방법에 대해 요한복음 9장 6절과 7절에 "이 말씀을 하시고 땅에 침을 뱉어 진흙을 이겨 그의 눈에 바르시고 이르시되 실로암 못에 가서 씻으라 하시니 이에 가서 씻고 밝은 눈으로 왔더라"라고 기록되어 있습니다. 인간과 우주 만물을 창조하신 하나님께서는 흙으로 사람을 만드셨을 때처럼 땅의 재료로 사람을 고치신 것입니다.

우리의 눈에는 단순한 흙이지만 그 안에는 사람을 만들고 동물을 만드실 수 있는 성분이 들어 있는 것이고 이것은 창조주이신 하나님의 권능을 신약성경에서 다시 한번 드러낸 사건이었습니다. 코끼리가 진흙에 뒹굴어서 질병과 기생충을 방제하는 장면을 TV를 통해 우리가 볼 수 있습니다. 위장약의 성분으로 메타규산 아민산 마그네슘 등의 표시를 본 적이 있을 것입니다. 이것은 점토가 약의 성분으로 사용되고 있음을 보여주고 있는 것입니다. 이처럼 하나님께서 창조하신 흙에는 생물을 창조하시고 치료할 수 있는 많은 성분이 있습니다.

그러나 우리 인간들은 신발을 신고 다니고, 시멘트 문화에 살면서 땅과는 절연된 상태로 살고 있습니다. 맨발 걷기는 우리가 우리들의 창조 재료인 땅과의 접지를 통해 몸 상태의 균형을 바로 잡는 것이라고 할 수 있습니다. 하나님께서 주신 이 땅과 자연에 대한 감사함을 느끼면서 하나님과 자연과 이웃과 좋은 관계를 유지하시는 삶을 살아가십시오.

하나님의 형상

하나님께서는 남자와 여자를 창조하시고 모든 생물을 다스리라는 축복을 주셨습니다. 즉 다스릴 수 있는 권세를 사람들에게 주셨습니다. 그러므로 우리 인간들은 만물을 다스릴 수 있는 권한을 창조주로부터 위임을 받은 것입니다. 만물을 다스릴 수 있는 권한을 위임받기 때문에 우리 인간들은 창조주이신 하나님과 끊임없이 소통하여야 합니다. 창세기 1장 26절 말씀처럼 하나님께서 인간을 만드실 때 하나님의 형상을 따라 하나님의 모양대로 인간을 만드셨습니다. 이는 하나님과 소통할 수 있는 길을 열어주신 것입니다.

그러나 우리 인간들은 하나님과의 소통을 거부한 채 하나님께 불순종의 죄를 지었습니다. 위임에 대해 일반적으로 말씀드리면 위임받은 자는 위임을 준 자의 뜻을 잘 받들고 그 과정에서 문제가 있을 때는 위임을 준 자에게 보고하고 지시를 받아야 합니다. 그러나 하나님으로부터 위임받은 우리 인간들은 위임의 축복을 주신 하나님의 지시받는 것을 거부하였습니다. 왜냐하면, 우리 인간들은 자신들의 뜻대로 살기를 원했기 때문이었습니다.

하나님께서는 베드로후서 2장 5절 말씀처럼 노아와 일곱 명의 식구를 제외하고는 경건하지 않은 자들이 사는 세상에 대해 물의 심판을 내리셨습니다. 경건이란 일반적인 의미로 "공경하고 깊이 삼가

하나님을 사랑하신다구요? 사랑이 아니라 경외입니다

며 조심한다"라는 뜻입니다. 그러므로 경건한 삶이란 하나님을 경외하는 마음을 가지고 하나님 뜻대로 행하는 삶을 의미합니다. 하나님께서는 세상을 물로 심판하시고 난 후에도 모든 생물을 다스리라는 축복의 말씀을 다시 한번 더 주셨습니다. 창세기 9장 2절에 "너희 손에 붙였다"라고 축복하신 것입니다. 그러나 그 후에도 사람들은 여전히 하나님을 경외하지 않았고, 경건한 삶을 살지도 않았습니다. 우상을 만들었고 하나님 대신 오히려 그 우상을 경외하였습니다. 인간이 만든 우상에게 인간이 스스로 신격화하고 숭배하였던 것입니다.

과학 문명이 발달한 지금에는 우상의 모습이 어떻게 바뀌었을까요? 인간은 컴퓨터를 만들었고 로봇을 만들었습니다. 그것들은 무생물이지만 실제로는 무생물이 아닙니다. 왜냐하면, 스스로 학습하고 발전하기 때문입니다. 잘 아시다시피 알파고라고 이름 붙여진 컴퓨터를 만든 과학자들은 이를 인간의 두뇌와 경쟁을 시켰습니다. 바둑으로 경쟁을 시켰는데 인간이 졌습니다. 사람들은 이를 흥미로운 눈으로 바라볼 수도 있지만, 문제는 인간과 경쟁하는 그 무생물이 지금도 끊임없이 스스로 학습하고 발전한다는 것입니다. 더 큰 문제는 인간이 그 무생물에게 컴퓨터 프로그램을 만들어 주었지만, 그 무생물은 끊임없이 발전하여 스스로 프로그램을 만드는 수준에 이른 것입니다. 그리고 스스로 만든 프로그램을 인간들이 알 수가 없는 지경에 이르게 되었다는 것입니다. 그러면 인간들은 그 무생물의 능력에 대해 예측을 할 수 없게 됩니다.

문제는 하나님께서는 인간에게 만물을 다스리라고 축복해 주셨는데 만물을 다스리지 못하고 오히려 지배를 받는 순간이 얼마 지나지 않아 온다는 것입니다. 인간이 우상을 만들고 신격화하는 수준이 아닌 인공지능으로 무장된 그것이 인간을 다스릴 수도 있는 그러한 지경에 도달하게 된다는 것입니다.

그런 세상이 오면 하나님께서는 어떤 결정을 내리실까요? 인간이 우상을 만들고 그 우상에서 헤어 나오지 못하였듯이 인간이 인공지능을 가진 움직이는 컴퓨터를 만들고 그 움직이는 컴퓨터의 능력을 감당하지 못하고 오히려 지배를 받게 될 때 하나님께서는 어떤 계획을 가지고 계실까요? 하나님과 대적하려는 세력들은 끊임없이 힘을 키우고 있고, 그 세력을 넓히고 있으며, 그들은 또한 인공지능을 가진 예측할 수 없는 힘을 가진 그 무생물을 이용하려고 할 것입니다. 이러한 상황에서 아무런 위기감도 느끼지 못하고 안일한 신앙생활을 하고 있는 하나님을 믿는 자들을 하나님께서는 어떤 마음으로 보시고 계실까요?

생물도 아니고 그렇다고 무생물도 아닌 바이러스에 우리 인간들이 죽기도 하고 삶에 제약을 받고 있는 상황에서 우리 인간들은 어떤 마음으로 창조주이시고 이 세상을 다스리시는 하나님을 바라보아야 할까요? 내 앞에 당장 부딪히는 문제에 대한 관심도 중요하지만, 피조물인 우리 인간의 입장에서 현재 진행되고 있는 상황에 대해 깨닫는 지혜가 필요한 때입니다. 그리고 정신을 차리고 하나님 중심으로 살아야 할 때입니다. 하나님 중심으로 매일의 삶을 새롭게 정진하십시오.

선과 악

하나님께서는 생명체를 창조하시기 전에 생명체가 살아갈 수 있는 환경을 먼저 창조하셨습니다. 그중에 처음 창조된 것이 빛이었습니다. 그리고 어두움은 창조된 빛에 의해 자연스럽게 나타났습니다. 하나님께서 어두움을 창조하신 것이 아니라 빛을 창조하셨기 때문에 그 결과 빛이 없는 어두움이 나타난 것입니다. 하나님께서는 빛을 낮이라 하시고 어두움을 밤이라고 부르심으로 빛과 어두움을 구분하셨습니다.

이처럼 하나님께서는 어두움에도 그 존재의 의미를 구분하셨는데 이유는 선과 악의 의미를 두시기 위함이었습니다. 즉 선은 하나님의 뜻이고 그 뜻에 반하는 것을 악이라고 그 의미를 부여하시기 위함이었습니다. 그래서 아담과 하와에게 하나님의 뜻에 반할 때 그것은 악이고 그 결과는 반드시 죽으리라고 말씀하시면서 선악과를 먹지 말라고 하신 것입니다. 이처럼 선은 생명이고 악은 죽음입니다. 선과 악의 개념은 창조주 하나님께서 만드신 것인데 우리는 이 선의 의미에 대해 매우 혼란을 겪고 있는 것 같습니다. 그 이유는 선이 마치 착하게 사는 것 즉 도덕적이고 윤리적인 것이 선인 것처럼 여기고 있기 때문입니다.

도덕과 윤리는 사회적 규정이며 상식입니다. 상식도 사람에 따라 차이가 있고, 그 기준이 모호하기 때문에 도덕과 윤리에서도 상대성이란 개념이 등장하게 되었습니다. 나는 다른 사람과 비교하여 어떻다는 식으로 말입니다. 이것이 보편화되면서 그만큼 진리가 설 땅이 줄어들게 되었습니다. 그러면서 하나님을 의지하고 하나님을 믿는 그 마음도 점점 옅어지고 있는 것 같습니다.

하나님을 믿는 우리가 잊어버리지 말아야 할 것은 선은 하나님께서 만드신 것이고 따라서 선과 악의 규정은 하나님의 말씀이 절대적인 기준이라는 사실입니다. 우리는 우리 스스로가 선과 악을 규정할 수 없습니다. 우리가 저 사람의 행위는 악하다고 하면서 미워하고 처벌을 할 수 없습니다. 그래서 예수님께서는 일흔 번씩 일곱 번을 용서하라고 하셨습니다. 다시 말씀드리면 우리는 선과 악을 판단할 수 없으며, 그 사람이 악한 것에 대해서는 하나님께서 판단하시고 그 처분을 맡겨야 합니다. 만일 우리가 악을 처분하려고 한다면 처분하는 과정에서 우리가 악을 행할 수 있게 됩니다. 우리 스스로가 악에서 벗어나기 위한 몸부림은 오랜 옛날부터 있어 왔습니다.

그래서 사람들은 종교를 만들었습니다. 인간이 만든 종교는 내 안에 있는 악을 벗어버리기 위한 몸부림에서 출발한 것입니다. 그러나 어떠한 시도를 해도 결코 악에서 벗어날 수 없습니다. 참선을 한평생 하는 사람들도 삶과 죽음이 둘이 아니라고 하면서 고대 힌두교 사상인 윤회 사상까지 접목하고 있지만, 인간의 머리에서 나온 어떠한 것도 선과 악의 깨달음에 도달할 수 없습니다. 왜냐

하나님을 사랑하신다구요? 사랑이 아니라 경외입니다

하면, 하나님만이 절대적인 선이시고 하나님을 통하지 않으면 결코 악에서 벗어날 수 없기 때문입니다.

하나님을 믿는 기독교인들도 결코 이 범주에서 벗어날 수 없습니다. 왜냐하면, 자신의 생각과 행동은 선이라서 옳고, 타인의 생각과 행동은 선에 반한다고 주장하는 경우가 많기 때문입니다. 이것이 밖으로 나타나면 공동체의 분열을 야기시키게 됩니다. 이러한 생각과 행동들을 보면 종교개혁 때 외쳤던 우리의 목표는 오직 하나님의 영광만을 위하여야 한다는 사실을 현재 우리가 애써 외면하고 있는 것 같습니다. 그리고 우리의 이기적인 행동을 보고 하나님을 믿지 않는 사람들이 하나님에 대해 어떠한 생각을 하는지에 대해서 애써 외면하고 있는 것 같습니다. 오죽했으면 로마서 3장에 "의인은 없나니 하나도 없으며"라고 기록되어져 있겠습니까? 이를 극복하는 방법은 하나님만이 유일한 선이시고 나는 악이라는 사실을 잊어버리지 않는 것입니다. 내 안에 성령님께서 임재하고 계시기 때문에 내가 악에서 벗어났다고 생각하는 것이 아니라 내 안에 임재하고 계신 성령님과 나 자신이 연결되지 않으면 즉 관계가 끊어지면 나는 언제든지 악으로 되돌아갈 수밖에 없다는 사실을 한시도 잊어버리지 않아야 합니다. 그렇게 해야 하나님을 전적으로 의지하는 믿음이 유지되고 겸손한 신앙으로 점점 성화 되어질 수 있습니다.

성화 된다는 것은 유일한 선이신 하나님을 닮아가는 것을 의미합니다. 하나님을 닮아가는 것은 선한 행실을 하는 것입니다. 선한 행실은 복음에 대해 순종하는 것에서 비롯되게 됩니다. 물론 우리는 우리의 선한 행실로 구원받는 것은 아닙니다. 구원은 절대적인 하나님의 은혜입니다. 그 은혜를 누리기 위해서 우리는 하나님이시면서 이 땅에 오신 예수님께서 보이신 성부 하나님에 대한 절대적 순종, 그 선한 행실을 우리는 행해야 합니다. 선한 행실 즉 복음의 순종을 통해 하나님의 영광을 올려 드리십시오.

하나님 나라의 백성

　내 안에 임재하고 계신 성령님과 얼마나 자주 나는 교통하고 있을까요? 만일 내 마음에 내 자아의 엔진, 즉 이기심과 탐욕이 있다면, 그 욕심으로 인한 내 마음은 불안한 상태가 됩니다. 이러한 환경에서 가동되는 나의 자아의 엔진은 불안한 마음과 연동되어 시끄럽기가 그지없게 됩니다. 그러므로 우리는 우리 자아의 엔진을 꺼야 합니다. 조용해야만 세미한 하나님의 음성을 들을 수 있습니다.

　하나님의 음성을 들을 때 우리는 비로소 하나님의 지혜를 얻을 수 있습니다. 하나님의 지혜를 얻는다면, 우리는 하나님의 뜻을 알 수 있게 되고, 나의 행동도 하나님의 뜻대로 행할 수 있게 됩니다. 나의 자아의 엔진이 가동된다는 것은 나의 자아가 살아있다는 증거가 됩니다. 속이 시끄럽다고 말하는 것을 들어 본 적이 있을 것입니다. 나의 자아가 살아있다는 것은 내가 강하다는 의미입니다. 내가 강하면 내 안에 임재하신 하나님께서 나에게 역사하실 수 없습니다. 내가 연약할 때, 그때가 하나님께서 나를 통해 일하실 때이고, 하나님의 복음의 능력이 나타날 때입니다. 고린도후서 12장 9절에 "나에게 이르시기를 내 은혜가 네게 족하도다 이는 내 능력이 약한 데서 온전하여짐이라 하신지라"라고 말씀하고 있습니다. 이것을 깨달은 사도 바울은 "나의 여러 약한 것들에 대하여 자랑하리니 이는 그리스도의 능력이 내게 머물게 하려 함이라"라고 고백하고 있습니다. 이것이 바로 하나님께 대한 우리의 경건입니다.

　　우리는 무엇보다도 '경건한 자'가 되어야 하는데 근원적인 죄를 가지고 있기 때문에 단번에 경건한 자가 될 수 없습니다. 그러므로 경건한 자가 되기 위해서는 끊임없는 훈련을 해야 합니다. 성화되어야 합니다. 이에 대해 베드로후서 1장 5~7절에 "그러므로 너희가 더욱 힘써 너희 믿음에 덕을, 덕에 지식을, 지식에 절제를, 절제에 인내를, 인내에 경건을, 경건에 형제 우애를, 형제 우애에 사랑을 더하라" 말씀하고 있습니다. 이 말씀에 의하면 우리는 먼저 믿음에서 시작해야 합니다. 초신자가 하나님을 믿기 시작하면 의롭다 함을 얻게 됩니다.

　　믿음 다음에는 덕을 더하여야 합니다. 의롭다함을 얻게 된 자는 의로운 행동을 하려고 노력해야 합니다. 이것이 덕입니다. 그다음에 덕에 지식을 더하여야 합니다. 덕을 실천하는 것 위에 성경적 지식으로 우리의 행동들을 체계화하여야 합니다. 그다음 지식 위에 절제를 더하여야 합니다. 절제를 통해서 즉 나의 욕심을 줄임으로써 지식과 행동을 고도화해야 합니다. 욕심을 줄이면 그 자리에 하나님께서 들어오시게 되어 하나님 나라를 맛볼 수 있게 됩니다. 절제 다음에는 인내를 더 하여야 합니다. 인내, 즉 지속적으로 자아를 없애려고 노력하면 하나님의 지혜를 맛볼 수 있습니다. 여기까지가 나의 내면화의 훈련 단계입니다.

내면의 훈련 단계에서 이제는 본격적으로 하나님을 향한 훈련을 해야 합니다. 인내에 경건을 더하여야 합니다. 하나님께 대해 경외함으로 순종해야 합니다. 그다음 경건에 형제 우애를 더하여야 합니다. 즉 하나님에 대한 마음을 형제에게로 향하여야 합니다. 어떠한 욕심도 없는 상태에서, 어떠한 대가의 바람도 없는 순수한 마음으로 형제에 대한 사랑을 실천해야 합니다. 그다음 형제 우애에 사랑을 더하는 단계입니다. 형제에게 하듯이 이웃에게 사랑을 더하라고 말씀하고 있습니다. 내가 하나님께 하듯이, 내 몸과 같이 이웃 사랑하기를 실천해야 합니다. 이것은 권유가 아닙니다. 고린도후서 1장에 명령하고 계십니다.

하나님에 대한 경외도 좋고 이웃에 대한 사랑도 좋지만, 나의 내면에 대한 철저한 훈련이 없다면 하나님에 대한 경건과 이웃에 대한 사랑이 하나님의 뜻에 합당하지 않을 수 있습니다. 그러므로 나의 내면의 훈련은 그만큼 중요한 것입니다. 끊임없는 내면의 훈련을 통해 하나님께서 바라시는 하나님의 백성으로서의 삶을 사십시오.

마음

성경에는 마음이라는 단어가 아주 많이 나옵니다. 잠언 4장 23절에는 "무릇 지킬만한 것보다 더욱 네 마음을 지키라 생명의 근원이 이에서 남이니라"라고 말씀하고 있고, 여호와 하나님을 사랑하라고 말씀하실 때 제일 먼저 나오는 단어도 마음을 다하여 사랑하라고 말씀하고 있습니다.

"마음"이라는 우리말은 상당히 포괄적 의미를 지닌 단어입니다. 예를 들면 다음과 같습니다. "마음이 곱다"하는 말은 사람이 본래부터 지닌 성격이나 품성이 착하다는 의미입니다. "마음에 차다, 또는 마음에 흡족하다"라는 말은 생각, 감정이 생기거나 자리 잡는 공간이 가득 차 있는 모습을 의미합니다. "마음을 삭이다, 마음을 주다"라는 말은 타인에 대한 나의 감정 상태를 의미합니다. "마음이 굴뚝 같다, 마음에 들다"라는 말은 어떤 일에 대한 나의 관심 정도를 나타냅니다. "마음이 통하다"라는 말은 좋고 나쁨을 판단하는 심리나 심성의 바탕이 상대방과 같다는 의미입니다. 즉 어떤 문제에 대해 인식하는 가치관이 상대방과 같다는 의미입니다. "마음에 없다"라는 말은 어떤 일을 생각하는 힘을 잃어버렸다는 뜻입니다. "마음이 풀리다"라는 말은 어떤 일에 대해 느끼는 감정이나 생각 그리고 의지가 누그러졌다는 의미입니다. 이렇듯 마음이라는 우리말 단어에는 아주 많은 의미를 내포하고 있습니다.

또한, 영어 성경에서는 마음이라는 단어를 3가지로 구분하여 사용하고 있습니다. 그 세 가지는 heart, mind, soul입니다. 영어 성경에서는 마음을 감정과 지성과 영혼으로 구분하여 표현하고 있습니다. 그런데 헬라어로 쓰여진 성경 원서에서는 영어에서의 mind를 다시 두 가지로 분류하고 있어 총 네 가지로 구분하고 사용하고 있습니다. 헬라어 성경에서 영어의 mind를 구분하는 두 가지는 사고의 결과로 나타내어지는 의견이나 가치관과 관련된 "누스"라는 단어와 행동과 관련된 "프로네오"입니다. 그러므로 헬라어 성경 원문에서는 마음에서 사고하는 부분이 매우 중요하여 또다시 세분화시켜 놓은 것입니다. 그러므로 우리가 한글 성경을 읽을 때 마음이라는 단어가 나오면 이 네 가지 중 어느 것에 속하는지 생각하면서 읽어야 합니다.

예를 들어 디모데전서 6장 5절 "마음이 부패하여지고 진리를 잃어버려 경건을 이익의 방도로 생각하는 자들의 다툼이 일어나느니라"라는 말씀에 이때 마음은 원어에서는 "누스"라는 단어를 사용하였습니다. 그러므로 마음이 부패하였다는 뜻은 사고의 기능이 비정상이 되어 마비되었다는 뜻으로 해석해야 합니다. 그래서 이 구절을 읽고 나면 하나님에 대한 지식적인 면을 더 공부함으로써 하나님을 향한 사고의 방향을 새롭게 재정립해야겠다는 마음이 생겨야 합니다. 그렇게 해야 이 성경 구절을 통해 하나님께서 우리에게 말씀하시는 뜻을 잘 깨달을 수 있게 됩니다.

또 다른 예는 다음과 같습니다. 누가복음 1장 47절에 기록된 "내 마음 프뉴마, spirit이 하나님 내 구주를 기뻐하였음은" 이 구절에서 기록된 마음이라는 단어는 영혼이라는 의미입니다. 한글 성경에서는 마음이라고 번역하였지만, 영어 성경에서는 spirit 즉 영혼이라고 쓰여 있습니다. "내 마음 프뉴마, spirit이 하나님 내 구주를 기뻐하였음" 구절을 "내 영혼이 하나님 내 구주를 기뻐하였음"이라고 마음 대신에 영혼을 넣어서 읽어보십시오. 또 다른 심오한 느낌을 가지게 될 것입니다. 왜냐하면, 마음이 기쁜 것과 내 영혼이 기쁜 것에는 차이가 있기 때문입니다. 시편 84편 2절에 "내 영혼 네페쉬이 여호와의 궁정을 사모하여"라고 말씀하고 있습니다. 우리가 하나님을 사랑한다고 말할 때 내 마음을 다 바쳐 사랑한다는 의미를 가질 수 있고, 내 영혼, 즉 내 생명을 다 바쳐 하나님을 사랑한다는 의미를 가질 수 있습니다. 마음과 영혼은 분명 의미에서 차이가 납니다. 왜냐하면, 영혼이라는 단어에는 생명이라는 의미가 포함되어 있기 때문입니다. 하나님을 사랑하는 마음을 넘어 내 영혼, 즉 내 생명을 다 바쳐 하나님을 사모하십시오.

제2부

. . . .

성자 예수님

아들을 낳으리니 이름을 예수라 하라 이는 그가 자기 백성을
그들의 죄에서 구원할 자이심이라 하니라
마태복음 1장 21절

칭의

혼히 "예수 믿고 천당 갑시다"라고 말하는데 이는 예수님을 믿는 것이 가장 먼저인 것처럼 비쳐질 수도 있기 때문에 이 말을 들으시는 분들이 오해할 수도 있습니다. 믿으면 그 결과로 천당에 가는 것은 사람의 사고이고, 바리새인들의 사고입니다. 이처럼 어떤 행위가 발생하면 그 행위로 인해 어떤 결과가 나타난다는 것은 사람의 사고입니다. 이러한 사고를 바탕으로 유대인들은 수많은 규율들을 만들어내고, 만들어진 규율들을 철저하게 지켰습니다.

구원의 경우 사람의 행위보다 앞서서 구원이 먼저 일어납니다. 믿음보다 구원을 먼저 행하신 예는 출애굽에서 찾아볼 수 있습니다. 하나님께서는 애굽에 있는 이스라엘 백성들이 믿음을 표하기 전에 먼저 구원해 내셨습니다. 그다음 영토도 주시고 율법도 주셨습니다. 구원이 먼저 이루어진 또 다른 예는 아브라함의 경우입니다. 하나님께서는 아브라함에게 먼저 의롭다고 해주셨습니다. 의로워야 구원받을 수 있으므로 먼저 구원해 주셨습니다. 그다음 이렇게 살라는 말씀 즉 율법을 주셨습니다.

이처럼 하나님의 은혜로 구원 계획이 세워졌고, 그 계획에 의해 독생자 예수 그리스도를 이 땅에 보내셨습니다. 그리고, 십자가 대속의 은혜로 구원은 본격적으로 진행되었습니다. 이러한 사실에서 바울은 큰 깨달음을 얻었습니다. 유대인들은 조상의 복잡한 전통에 따라 살면 구원이 이루어진다고 확신하고 있었지만, 구원은 그렇게 해서 이루어지는 것이 아니라는 사실을 바울은 깨달았던 것입니다. 하나님에 의한 구원은 이미 시작되었다는 사실과 구원을 위한 하나님의 은혜가 얼마나 큰지를 바울은 깨달았습니다. 하나님의 구원 방식을 깨닫는 순간, 그리고 그 크신 하나님의 구원 은혜에 대해 깨닫는 순간, 바울은 하나님의 구원의 길에 자신의 생명을 기꺼이 바치는 믿음의 여정을 걸어가게 됩니다.

예수님의 십자가 뒤에 있는 하나님의 큰 사랑과 은혜를 뺀 채 "예수 믿고 천당 갑시다"라고만 전한다면 그것은 하나님의 구원 은혜를 제대로 전하는 것이 아닌 게 됩니다. 예수님의 은혜와 하나님의 크신 사랑에 깊은 감사와 함께 마음을 다하고 목숨을 다하고 뜻을 다하여 하나님을 사랑하는 신앙의 삶이 되십시오.

이스라엘 왕

신명기 17장 19절과 20절에 "이스라엘의 왕이 된 자는 하나님 여호와 경외하기를 배우며 이 율법의 모든 말과 이 규례를 지켜 행하라 그리하면 그의 마음이 그의 형제 위에 교만하지 아니하리라"라고 말씀하셨습니다. 이 본문을 통하여 하나님께서는 왕이라는 존재가 백성들 위에 있지 않고 그들을 다스리는 자가 아니라고 말씀하고 계십니다. 즉 왕은 왕의 형제, 곧 이스라엘 백성들보다 위에 있지 않은 자라고 말씀하고 계십니다. 왕이 백성들 위에 있으면 교만해지므로 백성들 위에 있지 말라고 말씀하십니다.

교회의 머리 되시는 예수님 외에는 우리 모두 똑같은 지체입니다. 이처럼 하나님께서 선택하신 이스라엘 백성들은 모두 하나님 아래 있으며, 모두 다 똑같습니다. 왕이 된 자도 하나님의 백성이고 농사를 짓는 자도 하나님의 백성입니다. 백성 위에 백성은 없습니다. 그런데 이 사회는 계급화되어 왔습니다. 오랫동안 왕, 귀족, 백성, 노예 등으로 계급화가 진행되었습니다. 그 제도가 없어진 지금에도 조그마한 권력이라도 가진 자들은 그 권력을 이용하여 갑질을 하려고 합니다. 큰 권력을 가진 자는 그 권력이 평생 갈 것처럼 자기의 이익, 내 가족의 이익, 내가 속해져 있는 그룹이나 단체의 이익을 위해 갑질을 합니다. 갑질을 하고 나서 자신이 했던 일이 마치 선한 일을 한 것처럼 자랑스러워합니다. 물론 나와 이해관계가 엮

하나님을 사랑하신다구요? 사랑이 아니라 경외입니다

어져 있으면 자연히 돕고 싶어 집니다. 하지만 돕는 과정이 정의롭지 못하면 공의의 하나님 뜻을 저버리는 결과를 가져오게 됩니다. 성경에서 말하는 "네 이웃을 네 몸과 같이 사랑하라"라는 말씀의 진정한 이웃은 나와 아무런 이해관계가 없을 때 더욱 빛나게 됩니다.

예수님께서는 이 사회에서 이해관계가 제대로 형성되어 있지 않은 계층인 가난한 자, 병든 자, 고아와 과부 그리고 나그네의 친구가 되셨다는 사실을 우리는 잘 인지할 필요가 있습니다. 목사, 장로, 권사, 집사가 교회 내의 계급이 아닙니다. 단순한 역할입니다. 다 똑같이 하나님의 백성입니다. 그리고 똑같은 성도입니다. 평신도 다음 집사, 그다음 안수집사, 그다음 장로 이런 것이 아닙니다. 일반적으로 직위를 의미하는 목사나 평신도 모두 다 같은 성도이며, 직책은 그 맡은 일의 종류에 따라 목사, 장로, 권사, 집사 등으로 맡은 일의 종류에 따라 구분될 따름입니다.

이처럼 직책은 현재 어떤 일을 맡고 있는가에 대한 일의 구분일 뿐입니다. 정작 중요한 것은 하나님의 백성이라는 직위입니다. 정말 영광스러운 직위입니다. 하나님의 백성이라는 직위는 우리가 끝까지 지켜야 할 우리의 명예입니다. 그러나 그 영광스러운 직위는 별거 아닌 양 팽개치고 권사, 장로, 목사와 같은 직책에만 관심이 있습니다. 더 심하게 말씀드리면 그러한 직책 놀이에만 빠져있습니다. 그래서 교인들이 교회에서 상처를 많이 받습니다.

예수님께서는 하나님의 독생자라는 최고의 직위가 있었음에도 이 땅에서 하신 직책은 가난한 자의 친구이며, 성자 하나님이시면서도 성부 하나님의 구원 계획을 수행하기 위해 당신의 육신이 채찍과 창에 찔리면서까지 십자가에서 돌아가셨습니다. 그런데 하나님의 백성인 우리가 목사라고, 장로라고 하면서 목소리에 힘이 들어갈 수 있겠습니까? 직책이 높다고 어깨에 힘이 들어갈 것이 아니라 주어진 직책에 대한 그 무거움으로 인해 힘을 뺌으로, 하나님의 백성이라는 진정한 명예를 지키는 자가 되십시오.

영과 진리

예수님께서는 우리의 구원자이시면서, 율법의 완성자로 이 땅에 오셨습니다. 그리고 말씀으로 완벽하게 하나님의 뜻을 전하셨고, 행동 하나하나에는 완벽한 하나님의 뜻이 담겨져 있었습니다. 성자 하나님으로서의 말씀과 그리고 그 말씀을 온전하게 실천하신 행동들이 성경에 그대로 적혀져 있어 우리가 신앙생활을 하는데 귀중한 지표가 되고 있습니다. 예를 들면 예수님이라면 이 문제에 대해 어떻게 말씀하셨을까? 예수님이라면 이 문제에 대해 어떻게 행동하셨을까? 라고 생각하게 되는 것입니다.

그런데 중요한 것은 우리가 성경을 읽든지 예배에서 하나님 말씀을 들을 때 하나님의 말씀이 어떻게 우리에게 전달되느냐는 것입니다. 사람들이 똑같이 성경을 읽는다고 하여도 의문이 들 수 있는 부분들이 있습니다. 의문이 들 때 그 의문이 해결 되어지는 사람도 있고 그렇지 못한 사람도 있습니다. 즉 똑같이 성경을 읽거나 말씀을 들어도 어떤 사람들은 이해가 안 됩니다. 그러나 어떤 사람들은 이해를 넘어 믿음으로 받아들입니다. 그런데 그 의문이 해결되는 사람과 그렇지 못한 사람들을 보면 학식과 경험이 많다고 그 의문이 해결되는 것이 아님을 알 수 있습니다.

예수님을 잉태한 처녀 마리아가 어떻게 잉태할 수 있었는지 이러한 의문이 해결만 된다면 하나님을 믿겠다는 어떤 의사의 이야기를 제삼자를 통해 들은 적이 있습니다. 이처럼 우리가 가진 의문들은 하나님께서 주시는 은혜로 해결되어 집니다. 즉 우리가 성경에 기록된 모든 사실을 믿는 그 믿음은 하나님께서 우리에게 주신 전적인 하나님 은혜인 것입니다. 예배의 경우도 마찬가지입니다. 우리가 예배를 드릴 때 영과 진리로서 예배를 드리라고 요한복음 4장 24절에 말씀하고 있습니다. 그렇게 하기 위해 우리의 노력과 우리의 진지함으로 예배를 드린다고 하여도 결코 영과 진리로 예배를 드릴 수 없습니다.

그러면 어떻게 해야 영과 진리로 예배를 드릴 수 있을까요? 하나님은 영이시고 하나님의 말씀은 진리입니다. 그러므로 예배 시간에 성경을 봉독할 때 성경이 글이 아니라 진리가 되어 나에게 다가와야 합니다. 설교를 들을 때 그 설교가 말이 아니라 하나님의 진리 말씀이 설교자를 통하여 나에게 다가와야 합니다. 그렇게 하려면 내 안에 계신 성령님의 도움을 받아야 합니다. 그렇지 않으면 성경은 단순한 글이요, 설교는 단순한 말일 뿐입니다. 하나님의 영이 내 안에서 작용하지 않는 예배는 거룩한 예배가 될 수 없고 하나님께 드리는 예배가 될 수 없습니다. 성령님을 통하여 하나님의 말씀으로 나에게 전해져 달라는 간절함이 예배드리는 내내 나에게 있어야 합니다. 그렇게 해야 영과 진리로 드리는 거룩한 예배를 드릴 수 있고 예배를 통해 나의 마음이 바뀌어질 수 있습니다. 그렇지 않으면 예배를 드려도 남는 게 없고, 설교를 들어도 무엇을 들었는지 기억나지도 않고, 변화가 없게 됩니다.

그러나 영의 도우심으로 진리를 깨닫고 깨달은 바를 행하면 욕심을 이루지 않게 됩니다. 갈라디아서 5장 16절 말씀처럼 육체의 욕심을 이루지 않는 것이 내가 변한 결과로 나타나게 되는 것입니다. 육체의 욕심이란 우리 안에 계신 하나님의 영과 교통 하는 데 가장 방해하는 우리 마음에 있는 욕심과 탐욕을 의미합니다. 육체의 욕심을 이루지 않게 되면 로마서 8장 2절 말씀처럼 죄와 사망으로부터의 자유를 얻을 수 있습니다. 즉 사망에 이르게 하는 죄로부터 벗어날 수 있습니다. 진리를 알고 이를 행하면 요한복음 8장 32절 말씀처럼 "진리를 알지니 진리가 너희를 자유롭게 하리라"는 말씀이 실천되게 됩니다. 이렇듯 진리를 아는 것은 중요합니다. 하나님의 영의 도우심으로 진리에 대해 깨달음을 얻을 수 있음을 기억하십시오.

그리고 하나님께서 주시는 진리로 우리가 거룩해질 수 있습니다. 요한복음 17장 19절에 "또 그들을 위하여 내가 나를 거룩하게 하오니 이는 그들도 진리로 거룩함을 얻게 하려 함이니이다"라고 말씀하고 있습니다. 하나님의 영을 통해 우리가 진리를 깨우침으로써 내 안에 있는 하나님의 영이 우리 마음에 들어오고 하나님께서 주신 우리의 마음에서 나오는 우리의 행실은 거룩한 행실이 될 수 있습니다. 내 안에 계시는 하나님의 영이 작용한다는 것은 하나님의 영이 우리 마음에 들어오셔서 우리 마음이 바뀌어지면 우리가 거룩한 행실을 하게 됨을 의미합니다.

하나님의 영이 우리 마음에 들어오게 하려면 먼저 우리 마음에 있는 탐욕과 욕심을 걷어내어야 합니다. 그렇게 하기 위해서는 먼저 회개해야 합니다. 그래서 회개가 가장 기본이 되는 것입니다. 그리고 "내가 거룩하니 너희도 거룩하라"는 말씀을 실천하기 위한 첫걸음은 바로 영과 진리로 예배드리는 것에서부터 나온다는 사실을 아는 것이 중요합니다. 항상 영과 진리로 거룩한 예배를 드리고 이를 통해 거룩함을 얻는 하나님의 자녀가 되십시오.

하나님을 사랑하신다구요? 사랑이 아니라 경외입니다

영성

타 종교도 마찬가지이지만 특히 우리 기독교인들은 영성이라는 단어를 많이 사용하고 있습니다. 그러나 성경에서는 영성이라고 직접적으로 표현한 단어는 찾아볼 수 없습니다. 그런데 사람들은 영성이라는 단어를 많이 사용하고 있고, 영성과 관련된 포럼이나 학회도 많이 있습니다.

그리고 일반적으로 영성에 대해 이야기할 때 사람마다 관점들이 조금씩 다름을 알 수 있습니다. 어떤 분들은 영성을 신비주의에 가까울 정도로 생각하시는 분들도 있습니다. 이처럼 사람마다 이야기하는 것이 다를 때에는 해결할 수 있는 방법이 있습니다. 그 방법은 바로 예수 그리스도께서 어떻게 하셨는지 보면 됩니다. 왜냐하면, 예수 그리스도의 삶이 우리 신앙의 바로미터이고 신앙의 표준이기 때문입니다. 예수님께서 이 땅에 오셔서 사셨던 삶 자체가 바로 예수 그리스도의 영성이며, 이 영성이 바로 영성의 정의이며, 기준이 됩니다. 그러므로 예수님처럼 하나님과의 바른 관계 속에서 흘러나오는 모든 삶이 바로 영성이라고 할 수 있습니다.

물론 신비체험이나 경험은 기독교 복음을 전파하고 기독교적인 삶을 영위하는데 원동력이 되기도 합니다. 그러나 이러한 체험 자체가 신앙의 목적이 될 경우 신비주의에 빠지게 됩니다. 예수 그리스도의 삶 자체가 예수 그리스도의 영성인데, 예수 그리스도의 삶 전체가 신비주의의 삶이 결코 아니었습니다. 예수 그리스도의 삶 전체는 철저하게 하나님 중심이었고, 타인 중심의 삶이었습니다. 그러므로 하나님 중심, 타인 중심의 삶을 영성이라고 정의를 내릴 수 있습니다. 영성이라고 해서 거창하고 신비로운 것이 아닙니다. 예수님께서는 철저하게 하나님 중심 타인 중심으로 사셨기 때문에 자기 중심의 삶을 산다면 아무리 뛰어난 영적 능력이 있다고 주위에서 인정하더라도 바른 영성을 소유한 것이 아닙니다.

교회도 마찬가지입니다. 우리 교회만 부흥되는 것이 중요하고 다른 사람들에 대해서는 관심을 갖지 않는다면 그 교회는 예수님의 영성에서 벗어난 것입니다. 교회와 우리 각자는 개인주의 영성에서 철저하게 벗어나야 합니다. 개인주의적인 영성을 가졌다면 아직 성숙하지 못한 영성을 소유한 것이 됩니다. 성경에서는 장성한 분량의 영성을 소유하라고 말씀하고 있습니다. 고린도전서 13장 11절에 "내가 어렸을 때에는 말하는 것이 어린아이와 같고 깨닫는 것이 어린아이와 같고 생각하는 것이 어린아이와 같다가 장성한 사람이 되어서는 어린아이의 일을 버렸노라"라고 말씀하고 있습니다. 우리가 소유해야 할 바른 영성이란 우리 각자의 마음을 비우고, 타인을 섬기는 것이며, 하나님을 믿는 믿음과 지식이 날마다 더하여 장성한 분량의 삶을 사는 것이라고 할 수 있습니다.

우리가 예수 그리스도 안에서 우리 각자에게 임하신 하나님과 교제하는 삶을 살아간다면 성숙한 영성에 이를 수 있으며, 자연스럽게 의의 열매와 빛의 열매와 성령의 열매를 예수 그리스도 안에서 맺을 수 있으며, 이것이 바로 하나님께서 원하시는 영성이라고 할 수 있습니다. 영성은 항상 우리 안에 있는 것이기 때문에 신비로운 체험이 영성일 수 없습니다. 우리 신앙의 삶 자체가 하나님의 은혜를 받고 있기 때문에 우리 신앙의 삶 자체가 바로 영성입니다.

바른 영성을 가지기 위해서는 우리 안에 내주하시는 성령 하나님과 끊임없이 교제를 해야 하며, 이러한 교제의 삶을 살 때 우리는 예수 그리스도 안에서 산다고 할 수 있고, 성령님께서 우리의 삶 속에 성령의 열매 즉 영성의 열매를 가득히 맺게 하실 것입니다. 이러한 영성의 열매를 가득히 맺는 삶이 되십시오.

순수한 마음

요즘은 개인주의와 집단이기주의가 시대적인 흐름인 것 같습니다. 그래서 개인주의적이고 이기적인 행동을 해도 그것이 크게 불법적인 것만 아니면 이해를 해주려고 하는 경향이 있습니다. 언제부터 우리가 이렇게 되었을까라고 곰곰이 생각해보면 1997년 우리나라를 강타한 IMF 외환위기 때부터였지 않았을까라는 생각을 하게 됩니다. IMF 때 대대적인 구조조정과 정리해고가 발생하였습니다. 대부분 회사와 그곳에서 근무하는 사람들은 생존에 위협을 느낄 정도로 위기에 내몰렸고, 20여 년이 흐른 지금에도 그때의 사회적 분위기가 그대로 유지되고 있는 것 같습니다. 그래서 지금 우리 사회는 집단적 가치보다는 개인의 이익이 중요시되고 있습니다. 왜냐하면, 어려울 때를 대비하여 살아남기 위한 생존 중심의 가치가 저변에 흐르고 있기 때문입니다.

그리고 정보화와 세계화로 인해 지구촌이 형성되면서 문화가 세계적으로 통일되어 가고 있습니다. 이에 따라 도덕도 급속하게 서구화되어 가고 있습니다. 영적인 도덕에 관한 대표적인 말씀중 하나가 마태복음 5장 8절에 "마음이 청결한 자는 복이 있나니 그들이 하나님을 볼 것임이요"입니다. NIV 성경에는 "마음이 순수한 자"로 쓰여 있습니다. 순수한 마음이란 어떤 일을 할 때 동기가 선하고 사심 없는 마음이라는 의미입니다. 순수한 마음은 어린아이의

하나님을 사랑하신다구요? 사랑이 아니라 경외입니다

마음에서 우리는 찾아볼 수 있습니다. 마태복음 18장에 "어린아이들과 같이 되지 아니하면 결단코 천국에 들어가지 못하리라"라고 말씀하셨습니다. 그 이유는 어린아이는 자기를 낮추기 때문이라고 말씀하셨습니다. 어린아이는 자기 의견이 없습니다. 선생님이 가르쳐 주는 대로 실천합니다. 길을 건널 때 "손을 들고 건너라" 하면 실제 손을 들고 건넙니다. 자신의 입장과 경험은 제쳐두고 부모님이나 선생님이 시키는 대로 그대로 행합니다.

예수님께서도 철저히 자신을 낮추셨습니다. 그 대표적인 예로 예수님께서는 자신의 생각을 전한 것이 아니라 아버지에게로부터 들은 것을 전하신다고 요한복음 8장 38절에 말씀하셨습니다. 그리고 아버지로부터 들은 것 그대로 실천하셨습니다. 우주 만물을 창조하시고 다스리는 하나님이시면서 마구간에서 태어나셨고, 최악의 죄인만이 벌을 받는 십자가에서 돌아가셨습니다. 철저히 낮아진 삶, 섬기는 삶을 사셨고 철저히 자신을 죽이고 순종하는 삶을 사셨습니다.

어린아이와 같은 순수한 마음의 반대되는 말은 불순한 마음입니다. 불순한 의도를 가졌다는 말을 우리는 많이 합니다. 동기와 목적이 자기의 이익과 연관되어 있을 때 우리는 불순한 의도를 가졌다고 이야기합니다. 반대로 동기와 목적이 자신이 아닌 자기와 전혀 상관이 없는 타인을 위한 것일 때 우리는 순수한 마음을 가졌다고 이야기합니다. 이처럼 생각과 동기가 깨끗할 때 순수한 마음이라고 합니다. 즉 내가 아닌 이웃을 위하는 마음이 바로 순수한 마음입니다. 순수한 마음은 닫혀있는 상대방의 마음의 빗장을 열게 할 수 있습니다. 왜냐하면,

순수한 마음은 진실함을 담고 있고 감동을 싣고 있기 때문입니다. 또한 순수한 사람의 마음은 두 마음을 품지 않습니다. 겉과 속이 다르지 않습니다. 행동과 그 행동을 하게끔 하는 그 동기가 일치합니다. 이러한 사람은 하나님을 볼 것이라고 말씀하고 있습니다.

하나님께서는 성전에서 하나님 자신을 백성들에게 드러내셨습니다. 그리고 우리 몸은 성전입니다. 우리는 우리 안에 내주하시는 하나님을 바라보아야 합니다. 하나님을 바라볼 수 있고, 느낄 수 있도록 우리는 우리 마음을 깨끗하고 순결하게 유지하여야 합니다. 순수한 마음을 유지하여야 합니다. 마음이 순수하고 깨끗한 사람은 삶 속에서 하나님의 은혜를 풍성히 누리며, 내 안에 임재하신 하나님과 깊은 교제를 하면서 생활할 수 있게 됩니다.

연구에 의하면 우리는 하루 16시간 기준으로 약 4,000가지의 생각을 하면서 하루를 살고 있다고 합니다. 어른들이 어린아이와 같이 단순하지 못하는 이유가 여기에 있습니다. 4,000가지 생각 안에는 자신의 이기적인 생각, 염려, 걱정 등이 혼재되어 있습니다. 구조상 단순하게 살 수 없는 어른들은 이러한 것들을 하나님께 맡기고 단순한 사고를 가질 필요가 있습니다. 오로지 하나님만 생각하고 하나님 뜻만 생각하고, 하나님과 하나님 뜻이 무엇인지, 내가 알지 못해서 행한 것은 없는지 공부하고 실천한 바를 생각하면서 회개하고 고쳐나가야 합니다. 그래서 어른의 생각이 아닌 어린아이와 같은 마음이 되어야 합니다. 순수한 마음으로 순수한 신앙을 유지함으로 하나님을 항상 느끼시는 은혜 가득한 삶이 되십시오.

포기

예수님의 성전 정화사건은 4 복음서 모두 기록되어 있습니다. 그런데 기록된 내용은 조금씩 다릅니다. 누가복음 19장 45절에 예수님께서 "성전에 들어가사 장사하는 자들을 내쫓으시며"라고 기록되어 있습니다. 그리고 성전 정화사건 후 예수님께서 날마다 성전에서 가르치셨고, 이것을 본 대제사장들과 서기관들과 백성의 지도자들이 예수님을 죽이려고 꾀하였다고 기록되어 있습니다. 성전 정화사건에 대해 요한복음에서는 좀 더 자세히 기록되어 있습니다. 요한복음 2장 15절에 "노끈으로 채찍을 만드사 양이나 소를 다 성전에서 내쫓으시고 돈 바꾸는 사람들의 돈을 쏟으시며 상을 엎으시고"라고 기록되어 있습니다. 이를 보면 성전에 있는 가축들을 내쫓으시면서 내쫓기 쉽게 도구를 즉석에서 만들어 사용하신 것을 알 수 있습니다.

예수님께서 예루살렘에 입성하신 직후 성전 정화사건이 발생했으므로 예루살렘 입성 당시 환호했던 군중을 시기심으로 가득 찬 모습으로 바라보았던 대제사장들과 서기관들은 예수님을 제거하려는 생각들을 가지고 있었기 때문에 성전 정화 과정에서 어떤 불법적인 일을 예수님께서 행하셨다면 그들은 예수님을 당국에 고발했을 것입니다. 그러므로 예수님께서는 성전 정화 시 어떤 폭력이나 법적으로 문제가 되는 일을 하지 않으셨음을 알 수 있습니다. 예수님께서는 성부 하나님과 동등한 분이시지만 어떤 권리도 행사하지 않으셨고 오히려 자신을 비워 사람 중 가장 낮은 종의 형체를 가지고 오셨습니다. 어떠한 불법적인 일도 행하지 않으셨음을 알 수 있습니다. 오직 나의 뜻이 아니라 아버지의 뜻대로 하시기를 기도드리심으로 하나님 아버지의 뜻에 순종하셨고 십자가를 지셨습니다.

사도 바울은 이러한 예수님을 완벽하게 닮으려고 하였습니다. 그래서 빌립보서 3장 8절에 "모든 것을 해로 여김은 내 주 그리스도 예수를 아는 지식이 가장 고상하기 때문이라 내가 그를 위하여 모든 것을 잃어버리고 배설물로 여김은 그리스도를 얻고"라고 고백하고 있습니다. 하나님이시면서 모든 존귀한 권리를 포기하시고 이 땅에 오셨던 예수 그리스도의 희생적인 사랑을 우리는 닮아야 합니다. 그래서 예수님처럼, 사도 바울처럼 우리의 모든 것을 포기해야 합니다. 우리의 모든 것을 포기하는 그 순간 우리 안에서 하나님의 나라가 시작됩니다.

구원을 받아 하나님 나라에 들어가기 위하여 찾아온 부자 관리에게 내린 예수님의 명령은 "재물을 다 팔아 가난한 자에게 나눠주라"라는 것입니다. 그 이유는 재물 때문에 하나님을 전적으로 의지하지 못함을 염려하셨기 때문입니다. 그러나 우리는 여전히 하나님과 재물에 마음의 양다리를 걸치고 있습니다. 예수님께서 부자 관리에게 하신 말씀을 애써 외면하고 있습니다. 고린도전서 8장은 우상 제물이 시장에 유통되는 것을 알고도 이를 먹는 것에 대해 나의 신앙에 문제가 되지 않음을 확신하고 있지만, 행여 초보적 신앙

하나님을 사랑하신다구요? 사랑이 아니라 경외입니다

을 가진 성도들이 신앙을 유지하고 발전시키는 데 걸림돌이 된다면 나의 먹는 자유를 포기한다는 내용입니다.

우리의 시선은 항상 하나님을 바라보고, 하나님의 시선으로 우리 주위의 약한 자들을 바라보아야 합니다. 약한 자들을 의식해야 합니다. 그들을 위해 나 자신을 포기해야 합니다. 그렇게 함으로써 우리 이웃을 내 몸과 같이 사랑할 수 있게 됩니다. 이웃을 내 몸과 같이 사랑하려면 먼저 나의 마음이 가난해야 합니다. 마음이 가난하려면 나 자신의 이기적인 욕망과 자기 사랑을 포기해야 합니다. 자기를 포기하면 자기는 아무것도 소유하지 못하게 됩니다. 그러면 극심하게 가난한 자가 되어 하나님에게만 온전히 매달릴 수밖에 없습니다. 하나님께만 온전히 매달리는 '마음이 가난한 자들'에게 하나님의 나라가 주어집니다.

내 것을 '포기' 함에서 하나님의 나라는 시작되게 됩니다. 예수님께서도 "내 뜻대로 마시고 아버지 뜻대로 하시옵소서"라고 기도하시면서 당신의 뜻을 포기하셨습니다. 그리고 아버지의 뜻에 따라 십자가에서의 고난과 죽음의 운명을 받아들이셨습니다. 하나님으로서 신적 지위를 포기하시고 이 땅에 오신 예수님을 생각하시면서 예수님께서 행하신 그 길을 온전히 따라가는 신앙의 삶을 사십시오.

샬롬

　우리는 "샬롬"이라는 단어를 생각하면 "평화"라는 의미가 먼저 떠오르게 됩니다. 이러한 이유는 구약에서 샬롬이 "평화", "화평", "평안"으로 번역되어져 있기 때문이라고 생각됩니다. 그러나 히브리어 단어인 샬롬은 원래 "온전하다"와 "평화롭다"는 두 개의 뜻을 모두 가지고 있습니다. 그러므로 평화라는 뜻으로만 해석하면 샬롬이 가지는 원뜻을 완전하게 나타내지 못할 수도 있습니다.

　히브리 예언자들은 하나님과 모든 피조물이 하나님 은혜의 충만과 기쁨으로 온전하게 조화를 이루는 것을 샬롬이라고 인식하고 있었습니다. 그러므로 샬롬은 관계의 완전함 그리고 완전함에서 도출되는 평화라는 개념으로 보는 것이 원뜻을 살리는 것이라고 할 수 있습니다. 샬롬을 평화라고 번역하더라도 평화의 원인이 바로 하나님과의 관계가 원만함에서 오는 평화임을 우리는 깨달을 필요가 있습니다. 히브리인들에게 샬롬은 자신들 삶의 목표였습니다. 그리고 그들은 샬롬을 통해 하나님의 구원이 이루어짐을 잘 인식하고 있었습니다. 그러므로 "샬롬"은 나를 비롯한 가정 공동체, 사회 공동체, 국가 공동체, 교회 공동체에서 그 공동체를 구성하고 있는 자들과 하나님과의 완전하고 온전한 관계의 결과라고 할 수 있습니다.

하나님을 사랑하신다구요? 사랑이 아니라 경외입니다

그러나 하나님과 인간과의 관계는 인간의 죄 때문에 온전한 관계를 이룰 수 없습니다. 구약 시대에서는 그때그때 희생제물로 죄를 씻었지만, 근원적으로 죄가 해결되지는 못했습니다. 그러나 예수님께서 이 땅에 오셔서 십자가를 지심으로 죄의 문제를 근원적으로 해결하셨습니다. 그리고 예수님께서는 하나님과의 온전한 관계 회복을 위해 우리에게 새 계명을 주셨습니다. 우리에게 주신 새 계명은 "네 마음을 다하고 목숨을 다하고 뜻을 다하여 주 너의 하나님을 사랑하고 이웃을 네 몸과 같이 사랑하라"는 것이었습니다. 그리고 이것을 몸소 실천하셨습니다. 그리고 약자를 친구로 삼으셨습니다.

약자와 강자를 구분할 때 권력과 부가 그 기준이 아닙니다. 권력을 가진 자가 강자이고, 권력을 가지지 못한 자가 약자가 아닙니다. 마찬가지로 부자가 강자이고, 가난한 자가 약자가 아닙니다. 약자와 강자는 마음으로 해석해야 합니다. "내가 잘났네"라며 상대방에게 상처를 주는 사람이 바로 강자입니다. 내가 죄인임을 깨닫고, 다른 사람을 섬기고, 종의 모습으로 사는 사람이 약자입니다. 예수님께서는 이러한 약자의 친구가 되십니다. 그리고 이러한 약자를 사랑하십니다. 예수님께서는 하나님이시지만 이 땅에 오셨을 때 사람의 형체로 오셨고 사람 중에서도 종의 형체로 오셨습니다. 그리고 섬기면서 사시다가 세상의 죄를 다 짊어지시고 가장 처참하게 십자가 형틀에서 돌아가셨고 다시 부활하셨습니다. 우리는 예수님만 따라가야 합니다. 예수님만을 닮아야 합니다. 그렇게 해야 하나님과의 관계가 온전해지며, 이웃을 진정으로 사랑할 수 있게 됩니다.

이웃과의 온전한 관계를 위해 우리는 어떻게 해야 할까요? 구약성경의 사사기 19장 20절에는 기브아에 살고 있던 한 노인이 밤이 되었는데도 잠자리를 찾지 못하는 한 나그네를 보고, "그대에게 샬롬이 있으라"라고 인사하고 있습니다. 사사기 19장 20절 말씀입니다. "그 노인이 이르되 그대는 안심하라 그대의 쓸 것은 모두 내가 담당할 것이니 거리에서는 유숙하지 말라" 하고 그는 나그네의 하룻밤 잠자리에 포함된 모든 것을 책임지겠다고 말하였습니다. 그 책임감 때문에 그날 밤 그의 온 집안은 쑥대밭이 되었습니다. 그렇지만 설사 그렇게 될지라도 우리는 나그네가 편안하게 유숙할 수 있도록 책임을 다해야 합니다. 그렇게 해야 나, 교회, 사회, 세계 전체가 샬롬을 이룰 수 있게 됩니다. 이러한 실천은 나부터입니다. 예수 그리스도를 닮음으로써 샬롬을 누리는 삶이 되십시오.

하나님을 사랑하신다구요? 사랑이 아니라 경외입니다

섬김

예수님께서는 우리에게 "이웃을 네 몸과 같이 사랑하라(막 12:31)"라고 명령하셨습니다. 그리고 주님께서는 사랑의 대상인 이웃들에게 우리가 해야 할 것을 말씀해 주셨습니다. 마태복음 25장 35~36절 말씀에 "주릴 때 먹을 것을 주고, 목마를 때 마시게 하고, 나그네 되었을 때 영접하고, 벗었을 때에 옷을 입혔고, 병 들었을 때에 돌아보았고, 옥에 갇혔을 때에 와서 봐주었다"라고 하셨습니다. 이것은 우리가 이웃에게 해야 할 사랑의 실천 내용입니다. 그리고 사랑을 실천할 때 우리의 자세에 대해서는 마가복음 10장 45절에 "인자의 온 것은 섬김을 받으려 함이 아니라 도리어 섬기려 하고 자기 목숨을 많은 사람의 대속물로 주려 함이니라"라고 말씀하셨으니 예수님의 제자인 우리는 사랑을 실천할 때 섬김의 자세를 가져야 합니다.

섬기는 자세는 종의 자세입니다. 종의 자세는 스스로를 나타냄 없이 조용히 자신이 할 일을 하는 자세입니다. 그리고 이웃의 범위는 내가 사는 주위의 사람으로 한정하는 것보다 길에서 강도를 만나 거의 죽게 된 사람에게 다가가 그의 상처를 싸매주고 주막으로 데리고 가 돌봐준 사마리아 사람처럼 우리가 어느 곳에 있던지 나를 필요로 하는 사람이 바로 우리의 이웃입니다. 그냥 모른 체하고 지나 갔던 제사장과 레위인의 경우 사람이 거의 다 죽게 된 사건이 성전 안에서 발생하였다면 그들은 온 힘을 다해 응대했을 것입니다. 이처럼 교회 안에서의 행동과 교회 밖에서의 행동을 다르게 행하는 모습이 바로 우리들의 모습이 아닐는지요? 교회 안에서만의 갇힌 믿음과 같은 이중적인 우리의 신앙 모습은 사회로부터 우리 교회가 지탄을 받는 원인 중 하나입니다. 제사장과 레위인은 율법을 핑계로 천하보다 귀한 사람의 생명을 소홀히 하는 왜곡된 신앙관을 가졌습니다. 우리 또한 우리 개인이 구원을 받는데 치중하는 이기적인 신앙관을 견지하고 있습니다. 이를 근본적으로 고치려면 교회의 개념을 다시 정립할 필요가 있습니다.

교회를 정의할 때 예수 그리스도를 구주로 고백하고 따르는 성도들의 공동체를 교회라고 이야기합니다. 그러므로 믿지 않는 사람 중에서 향후 예수 그리스도를 구주로 고백할 미래의 대상자도 있으니 교회의 개념을 우리가 살고 있는 지역 공동체로 확대하여 생각한다면 내가 생활하는 공간 전체와 내가 만나는 모두가 교회 공동체에 포함되므로 내가 만나는 모두에게 주님의 마음으로 대할 수 있지 않겠습니까? 현재 교회에서 교인들을 만날 때처럼 말입니다.

우리는 항상 우리의 영혼을 주님께 맡기고 타인 지향적인 신앙의 삶을 살아야 합니다. 예수님처럼 말입니다. 나의 몸이 성전이고, 내 안에 하나님이 거하시기 때문에 우리 한 사람 한 사람 모두가 이 땅에 하나님 나라를 세우는 데 생명을 다 바쳐야 합니다. 이것이 우리 믿는 자들의 사명입니다. 하나님 나라는 죽은 다음에 가는 하늘 위의 천국이 아닙니다. 하나님 나라는 하나님께서 통치

하시는 나라입니다. 현재 하나님께서 이 땅을 통치하고 계심을 지속적으로 이웃들에게 알려야 합니다. 예수님께서는 이 땅에 오셔서 하나님 나라를 직접 선포하셨습니다. 그리고 우리를 살리시기 위해 십자가에서 돌아가셨습니다. 그리고 부활하셨습니다. 예수님께서 선포하신 하나님 나라를 우리는 땅끝까지 전해야 합니다.

복음을 전하는 우리의 자세는 예수님처럼 우리 자신을 이웃에게 내놓아야 합니다. 우리의 인생은 우리 것이 아닙니다. 그리고 교회에서 드리는 예배만이 예배가 아닙니다. 우리가 살아가면서 사람을 만날 때 그때도 예배입니다. 마태복음 5장 23절에 주님께서는 예물을 드리기 전에 형제와 화해하고 오라고 하셨습니다. 형제와의 일은 삶의 자리에서 일어나는 일입니다. 그러므로 삶의 자리가 바로 예배입니다. 하나님께서는 교회에만 계시는 분이 아니시기 때문입니다. 살아가면서 타인을 섬기는 것 그 자체가 바로 주님을 섬기는 일이며, 그러한 삶 자체가 하나님께 영광을 올려드리는 것입니다. 삶 자체가 바로 예배입니다.

코로나 19사태가 발생한 이후 변이 바이러스가 출몰해서 사람들의 마음을 한층 더 힘들게 하고 있습니다. 지금이 바로 우리가 우리 자신을 버려야 할 때입니다. 흑사병이 유럽에 맹위를 떨쳤을 때 하나님을 믿는 자들은 피신하지 않고 환자를 돌보았습니다. 우리가 우리 자신을 버리고 나의 생명을 하나님에게 맡길 때 이웃을 우리 몸과 같이 사랑할 수 있는 길이 비로소 열릴 것입니다. 이웃을 향한 사랑이 넘쳐나는 축복의 삶을 사십시오.

십자가

갈라디아서 2장 20절에 "내가 그리스도와 함께 십자가에 못 박혔나니 그런즉 이제는 내가 사는 것이 아니요 오직 내 안에 그리스도께서 사시는 것이라"라고 말씀하고 있습니다. 우리가 그리스도와 함께 십자가에 못 박혔다는 것은 무엇을 말하는 것이라고 생각하십니까? 십자가에 못 박힌다는 것은 일단 죽는다는 것을 의미합니다. 그렇지만 우리는 살아있습니다. 그리스도와 함께 십자가에 못 박힌다는 것은 내가 사는 것이 아니라고 말씀하셨기 때문에 내가 죽는 것은 나의 육체가 아닌 나의 "자아"라는 것을 알 수 있습니다. 왜냐하면, 내가 내 안에서 사는 것이 아니라 내 안에 그리스도께서 사시는 것이라고 말씀하셨기 때문입니다. 즉 내 자아가 죽고 그 자리에 예수 그리스도께서 사시게 되는 것입니다. 사탄 마귀에게 붙잡혀서 살았던 나의 삶이 내 안에 예수 그리스도께서 계시기 때문에 예수 그리스도의 뜻에 따라 살게 되는 것입니다. 이전에 나의 삶의 기준이 윤리 도덕이었다면 이제는 하나님의 뜻이 나의 삶의 기준이 되는 삶으로 살게 되는 것입니다. 그렇게 되려면 하나님을 위하여 살고, 그리스도를 위하여 사는 삶으로 우리의 삶이 바뀌어야 합니다. 그러나 곰곰이 생각해보면 아직도 '나', '우리', '우리 교회'를 우선시하는 삶을 살고 있는 우리의 모습을 발견하게 됩니다. 아직도 나의 자아가 죽지 않아서 나의 자아가 나의 삶에서 튀어나온다면 십자가에서 죽는다는 의미를 한번 깊이 되새겨 보아야 합니다.

하나님을 사랑하신다구요? 사랑이 아니라 경외입니다

고린도전서 15장 31절에 사도 바울은 "나는 날마다 죽노라" 라고 고백했습니다. 내 자아 때문에 내 안에 임재하신 하나님의 뜻 대로 사는 것에 지속적으로 방해받고 있다면 우리는 날마다 죽는 것이 아니라 순간순간마다 죽어야 합니다. 그렇게 해야 내가 죽고 예수 그리스도께서 사는 삶을 살 수 있으며 하나님의 뜻에 합당한 삶을 살 수 있습니다.

그렇다면 하나님의 뜻은 무엇일까요? 하나님의 뜻은 예수 그리스도께서 제일 잘 알고 계십니다. 그래서 이 땅에 오셨고 십자가를 지셨습니다. 예수님께서 이 땅에 오신 이유는 하나님 아버지의 뜻을 받아 하나님의 백성들을 구원하시기 위해서입니다. 우리가 구원받기 위해서는 우리가 의로워져야 하는데, 의롭게 되기 위해서는 완전히 순결하신 예수 그리스도께서 우리 대신 죄인이 되셔서 십자가에서 그 죗값을 대신해서 치르셔야 했습니다. 그런데도 내가 교회에서 목사, 장로, 권사, 집사로서 그 소임과 책무를 열심을 다하고 있기 때문에 구원받을 수 있다고 은근히 자부하고 있다면 이는 내가 율법을 잘 지켰기 때문에 구원을 받을 수 있다고 자신감에 차 있었던 바리새인들과 다름이 없습니다.

그러므로 나의 삶에서 내가 주인이 되는지 아니면 하나님께서 나의 주인이 되시는 삶을 살고 있는지 우리의 신앙을 매 순간 점검해 보아야 합니다. 그래서 하나님께서 나의 삶에 주인이 되는 삶을 살고 있다면 내가 예수 그리스도와 함께 십자가에서 죽었다는 증거가 될 수 있습니다. 물론 하나님께서 우리 안에 임재하고 계시는 것과 우리가 하나님의 뜻에 따라 사는 것은 원인과 그 원인에 따른 당연한 결과로 이어지는 것이지만 현실은 그 당연한 결과가 실제 나타나고 있지 않음에 대해 우리는 깊이 성찰해야 합니다.

그리고 우리가 우리의 삶에서 집착하고 있는 것은 무엇인지 그 집착하는 요소가 우리가 하나님의 뜻을 받드는 삶을 사는데 얼마만큼 가로막고 있는지 점검해야 합니다. 그래서 그 집착을 내려놓아야 합니다. 그 대신 하나님께 집착하라고요? 아닙니다. 집착은 이기심이 포함되어 있는 감정입니다. 그러므로 하나님께 집착하는 것을 하나님께서는 원하지 않으십니다. 하나님께 집착하는 삶은 하나님을 사랑한다고 하면서 이웃에게 사랑을 주지 않는 삶입니다. 그러므로 이러한 삶을 사는 것은 하나님께서 원하지 않는다고 말씀하셨습니다.

십자가는 예수님께서 우리 죄를 대속하시기 위해 지셨기 때문에 우리에게 감동적으로 다가오는 감성적인 것이 아닙니다. 십자가는 현실입니다. 예수 그리스도께서 짊어지셨던 십자가를 우리도 짊어져야 하는 현실적인 것입니다. 십자가는 악의 세력들이 우리가 예수 그리스도께서 짊어지셨던 그 십자가를 지지 않도록 방해하는 책략을 끊임없이 획책하는 영적 전쟁터입니다. 우리 자아가 우리 삶의 주인이 되도록 부추기는 방해 세력을 하나님의 권세로 완전히 제압함으로 십자가에서 벌어지는 영적 전쟁에서 승리하십시오.

진리

진리란 무엇일까요? 의외로 자신들이 알고 있는 것이 진리라고 굳게 믿고 있지만, 그것이 진리가 아닌 경우를 많이 봅니다. 자신의 몸에 폭탄을 감고 자폭을 하는 테러리스트가 믿는 그들의 신념은 분명 진리가 아닙니다. 이단에 빠진 사람들도 자기 자신이 믿는 성경해석이 올바르고 그것이 진리라고 굳게 믿고 있습니다. 그래서 어떤 교회에 신자인 양 위장해서 그 교회를 무너뜨리고 사람들을 호도하고 상처를 주어도 당당하며 자랑스러워합니다.

독재자들 또한 거짓을 진실인 양 호도하지만, 가책을 느끼지 않는 경우가 많습니다. 히틀러는 2차 세계 대전을 일으키기 위해 거짓 공작을 시도하였습니다. 그래서 독일군이 폴란드 군복을 입고 국경에 있는 독일 방송국을 공격하였습니다. 그리고 가짜 폴란드 군인들은 점령한 방송국에서 폴란드어로 독일에 선전포고 선언문을 낭독하였습니다. 그 방송을 들은 독일군은 방송국을 점령하고 있던 가짜 폴란드군을 몰아내었습니다. 그 와중에 총격이 벌어지고 가짜 폴란드 군인들은 물러가면서 일부 군인들의 시신을 남겨두었습니다. 그리고 독일 기자들은 이 사건을 보도하기 위해 사진을 찍었습니다. 교전 중 죽은 가짜 폴란드 군인들은 독일 사형수였습니다. 대부분의 독일 군인들과 국민은 히틀러의 음모에 넘어갔습니다. 그들은 분개하였고 폴란드를 공격하는데 일말의 양심의 가책을 가지지 않았습니다.

　　진실이 아닌 것을 믿고 또한 진리가 아닌 것을 믿는 경우가 많아 진리는 진리로써 인정을 받기 힘들어지는 세상이 되었습니다. 이러한 일들이 전방위 분야에서 발생하고 있기 때문에 절대 진리는 없다는 관념들이 등장하게 되었습니다. 이것이 포스트모더니즘입니다. 진리가 없어지는 이 세상에서 유일한 진리는 하나님의 말씀인데, 오히려 우리들의 신앙의 모습은 예전보다 진리를 소중히 여기고 진리가 진리로서 인정받지 못하는 환경에 대해 애달파하는 신앙의 풍토가 줄어들었음을 알 수 있습니다. 하나님만을 의지하는 믿음도 줄어들었음을 알 수 있습니다. 요한복음에서 진리는 성부 하나님으로부터 나온다고 분명히 말씀하고 있습니다. 더 정확히 말하자면 성부 하나님으로부터만 나온다고 말씀하고 있습니다. 왜냐하면 성자 예수 그리스도께서는 하나님 아버지로부터 들은 것을 전하기 때문입니다.

　　예수 그리스도께서는 성부 하나님 말씀을 그대로 전하시기 때문에 예수 그리스도의 말씀 또한 진리입니다. 그리고 성령님께서는 진리의 영이시고 예수님께서 승천하시고 난 후 우리에게 오셔서 이 땅에서 예수님께서 하셨던 사역을 이어받아 우리를 인도하시고 계십니다. 그러므로 성령님 또한 예수 그리스도처럼 하나님 아버지로부터 들은 것을 우리에게 전하시고 계시기 때문에 성령님의 말씀 또한 진리입니다.

그런데 중요한 것은 진리가 추상적인 것이 아니라는 사실입니다. 진리는 행위입니다. 행위로 나타나지 않는 진리는 진리가 아닙니다. 하나님의 말씀을 전하러 오신 예수님께서는 하나님의 말씀을 이 땅에서 그대로 실천하셨고, 십자가에 돌아가시면서 다 이루었다고 말씀하셨습니다. 그러므로 진리는 행하는 것임을 알 수 있습니다.

　　요한복음 18장 37절에 "무릇 진리에 속한 자는 내 음성을 듣느니라"라고 예수님께서 말씀하셨습니다. 진리에서 나온 이는 누구나 예수님의 목소리를 알아듣는다고 말씀하셨습니다. 진리의 목소리를 알아듣기 위해서는 우리는 어떻게 해야 할까요? 우리는 주님의 목소리를 듣기 위해서 주님 안에 머물러 있어야 합니다. 그렇게 해야 주님의 목소리를 들을 수가 있습니다. 주님 안에 있지 않은데 어떻게 주님의 목소리를 들을 수 있겠습니까? 그래서 "예수 그리스도 안에서"라는 구절이 성경에 수도 없이 적혀 있는 이유이기도 합니다. 우리가 예수 그리스도 안에 머물기 위해서는 우리 안에 임재하고 계신 하나님과 우리 마음이 하나가 되어야 합니다. 즉 우리 마음이 하나님과 연결되어 있어야 합니다. 순결하신 하나님과 연결되기 위해서는 먼저 우리 마음이 청결해야 합니다. 욕심이 없고, 나의 자아를 없애야 합니다. 그렇게 하지 않으면 나의 기도 또한 나의 이기심과 욕심과 자만이 나도 모르는 사이에 베어져 있게 됩니다. 예수 그리스도 안에서 하나님의 말씀인 진리를 실천하시는 복된 삶을 살아가십시오.

예수님의 이름

미국은 기독교 국가입니다. 그래서 의회 개원 때 목사가 기도를 합니다. 그런데 기도 마지막에 "예수님 이름으로 기도합니다"라고 하지 못하고 "여러 신들의 이름으로 기도합니다"라고 해야 한다고 합니다. 그렇기 때문에 목사가 기도하지만, 기도의 내용은 하나님과의 대화가 아닌 다양한 신과의 대화일 수밖에 없습니다. 이것은 종교 다원주의가 우리가 잘 모르는 사이에 얼마나 세상 곳곳에 퍼져 있는지 잘 알 수 있는 예입니다. 예수 그리스도 외에는 구원받을 수 없다고 사도행전 4장 12절에 분명히 말씀하고 있는데도 불구하고 다른 종교에서도 구원의 길이 있다고 일부 기독교 지도자들이 주장하고 있는 것입니다. 사도행전 4장 12절에 "다른 이로써는 구원을 받을 수 없나니 천하 사람 중에 구원을 받을 만한 다른 이름을 우리에게 주신 일이 없음이라 하였더라"라고 말씀하고 있습니다. 이러한 현상은 영적 전쟁이 심화 되고 있다는 증거입니다.

그러면 우리가 기도를 마칠 때 하나님께 올려드리는 "예수님의 이름으로 기도합니다"에서 예수님의 이름은 어떤 의미를 가지고 있을까요? 하나님의 이름과는 어떤 관련성이 있을까요? 하나님의 이름에 대해서는 하나님께서 스스로 이름을 밝히셨습니다. 이는 우상 신들의 이름을 인간들이 지어준 것과는 차원이 다릅니다. "여호와" 이름은 모세가 호렙산에서 하나님을 대면하였을 당시에 모

하나님을 사랑하신다구요? 사랑이 아니라 경외입니다

세가 하나님께 직접 물어서 받은 이름입니다. 출애굽기 3장 13절부터 15절 말씀에 의하면 "여호와"라는 이름은 "나는 스스로 있는 자"라는 뜻입니다. 그리고 스스로 계신 하나님께서는 아브라함과 이삭과 야곱의 하나님으로 하나님 당신 자신의 이름을 우리에게 알려주셨습니다. 즉 하나님께서는 우리를 위해서 하나님 당신 자신을 드러내시고 알려주신 것입니다.

모세에게 말씀하신 아브라함과 이삭과 야곱의 하나님이라는 뜻은 하나님께서 모세의 조상과 함께하셨듯이 너희와도 항상 함께하신다는 뜻이 하나님의 이름에 담겨져 있는 것입니다. 그래서 출애굽기 3장 12절에 하나님께서는 모세에게 "내가 반드시 너와 함께 있으리라"라고 말씀하셨던 것입니다. 하나님께서 항상 우리와 함께한다는 뜻은 무엇입니까? 바로 임마누엘입니다. 성경에서는 모두 세 번에 걸쳐 "임마누엘"이 언급되었습니다. 두 번은 이사야서이며, 한 번은 마태복음에서 족보가 끝난 다음 예수님의 탄생을 이야기하면서 언급되었습니다. 이사야 7장 14절 "그러므로 주께서 친히 징조를 너희에게 주실 것이라 보라 처녀가 잉태하여 아들을 낳을 것이요 그의 이름을 임마누엘이라 하리라"라는 말씀입니다. 그리고 마태복음 1장 23절 "보라 처녀가 잉태하여 아들을 낳을 것이요 그의 이름은 임마누엘이라 하리라 하셨으니 이를 번역한즉 하나님이 우리와 함께 계시다 함이라"라는 말씀입니다. 즉 하나님의 이름에 담겨진 뜻인 임마누엘이 이사야 7장 14절에서 "처녀가 잉태하여 아들을 낳을 것이요 그의 이름을 임마누엘이라 하리라"라고 말씀하셨기 때문에 임마누엘이 바로 예수님의 이름이라는 것을 알 수 있습니다. 즉 예수님 이름의 뜻인 임마누엘은 구약성경에서 이 세상에 오실 구원자로, 그의 이름으로 예언되었던 것입니다. 그리고 구약에서 예언된 이 땅에 오실 구원자는 고난받는 종의 모습으로 오신다고 기록되어 있습니다. 이사야 53장 5절 "그가 찔림은 우리의 허물 때문이요 그가 상함은 우리의 죄악 때문이라 그가 징계를 받으므로 우리는 평화를 누리고 그가 채찍에 맞으므로 우리는 나음을 받았도다"라는 말씀입니다. 성경에는 고난받는 종의 모습으로 오신 이유가 바로 우리들 때문이라고 기록되어 있습니다. 우리의 허물 때문이요, 우리의 죄악 때문에 영광의 하나님께서 고난받는 종의 모습으로 오신 것입니다. 그리고 우리들의 죄를 대속하셔서 십자가에서 돌아가시고 부활하시고 성령님을 우리에게 보내주셨습니다.

하나님께서 우리 각자에 내주하심은 에스겔서 37장 27절의 "내 처소가 그들의 가운데 있을 것이며 나는 그들의 하나님이 되고"라는 약속이 성취된 것이며, 예수님의 이름으로 명할 때 성령의 역사가 나타났음이 사도행전 곳곳에서 기록 되어져 있음을 알 수 있습니다. 사도행전 3장 6절에서 8절까지 말씀을 보면 태어날 때부터 걷지 못해서 구걸하는 자에게 베드로가 "예수 그리스도 이름으로 일어나 걸어라" 하고 오른손을 잡아 일으키니 발과 발목이 곧 힘을 얻고, 뛰어 서서 걸으며 그들과 함께 성전으로 들어가면서 걷기도 하고 뛰기도 하며 하나님을 찬송하였다고 기록하고 있습니다. 이처럼 예수님의 이름은 권세이고 능력이고 구원의 유일한 길입니다. 예수님의 이름을 항상 부르는 귀한 삶을 살아가십시오.

하나님의 영광

하나님을 믿는 목적, 교회에 다니는 목적이 무엇입니까? 혹시 구원받기 위해서입니까? 의외로 구원받기 위해 하나님을 믿는 경우가 상당히 많은 것 같습니다. 그런데 구원은 하나님의 섭리 가운데 일부분에 지나지 않습니다. 하나님의 섭리 가운데 가장 큰 섭리는 독생자 예수 그리스도를 이 땅에 보내신 것입니다. 아기 예수님의 탄생에 대해 누가복음 2장 14절 말씀에 "지극히 높은 곳에서는 하나님께 영광이요 땅에서는 하나님이 기뻐하신 사람들 중에 평화로다"라고 말씀하셨습니다. 하나님의 영광이 근본적인 것이고, 땅에서 하나님께서 기뻐하신 사람에 대한 구원은 부차적인 것입니다. 그러므로 우리가 하나님을 믿는 목적은 나의 구원이 아니라 하나님께 영광을 드리기 위함이 되어야 합니다. 만일 신앙의 목적이 나의 구원이라면 나의 신앙의 중심은 하나님이 아니라 나 자신이 되는 것입니다. 그리고 우리의 신앙의 중심이 하나님이라고 하더라도 내가 하나님께 영광을 드린다면 그것도 내가 신앙의 중심이 되는 것입니다. 그러므로 나의 신앙의 중심은 하나님께 영광을 드리는 내가 아니라 영광을 받으시는 하나님이 되어야 합니다.

그런데 중요한 것은 하나님께 영광을 드리는 자는 내가 아니라는 사실입니다. 예수님께서는 "다른 사람들이" 영광을 돌리게 하라고 하십니다. 마태복음 5장 16절에 "이같이 너희 빛이 사람 앞에 비치게 하여 그들로 너희 착한 행실을 보고 하늘에 계신 너희 아버지께 영광을 돌리게 하라"라고 말씀하시고 계십니다. 그러므로 내가 하나님께 영광을 드리겠다고 생각하는 것도 이기적인 신앙의 한 단면이라고 할 수 있습니다. 우리는 하나님께 영광을 올려드리기 위해서는 웅장한 교회 건물에서 음악성이 높은 찬양대와 거룩하고 엄숙한 예배 의식을 드려야 한다고 생각하기 쉽습니다. 그러한 예배를 드리고 나면 뭔가 하나님께 제대로 된 영광을 올려드렸다고 생각하게 됩니다. 예수님 당시에 유대 사람들은 하나님께 영광을 돌리기 위해 가장 먼저 무너진 성전을 세워야 한다고 생각했습니다. 그것도 솔로몬이 세웠던 성전보다도 배나 더 크게 세워야 한다고 생각하고 추진하였습니다. 이를 추진한 자가 헤롯이었습니다. 예수님의 제자들조차도 성전의 위용에 압도당하여 탄성을 질렀지만, 그 성전은 무너졌습니다.

하나님께 영광을 드리는 것은 교회의 웅장한 건물도 아니고, 화려하고 엄숙한 예배도 아니고, 그 속에서 예배드리는 나도 아니고, 바로 나의 착한 행실을 보고 하늘에 계신 아버지께 영광을 돌리는 나의 이웃임을 우리는 항상 기억해야 합니다. 그리고 그들에게 우리가 세상 사람들과는 다르다는 것을 보여주어야 그들이 우리의 믿음과 행실을 보고 하나님께 영광을 돌릴 수 있게 된다는 것도 항상 기억해야 합니다.

하나님을 믿지 않는 사람들과 다르다는 것은 어떻게 보여 주어야 할까요? 하나님을 믿지 않는 사람들도 착한 마음과 반듯한 양심을 가지고 살고 있습니다. 그렇기 때문에 웬만해서는 그들이 '우리와 다르네!'라는 생각을 가지지 않을 것입니다. 그런데 성경에서 "악한 자와 맞싸우지 말고, 오른편 뺨을 맞으면 왼편 뺨을 마저 때리라고 돌려 대어주고, 속옷을 빼앗으면 겉옷을 벗어주며, 억지로 오 리를 가자고 하면 십 리를 가주어라"라는 마태복음 5장 39절 이하 말씀이 있습니다. 이러한 삶의 가이드라인을 우리에게 주셨고, 이러한 삶이 하나님의 백성의 구별된 삶이고, 이러한 삶을 통해서 하나님을 믿지 않는 사람들이 하나님께 영광을 올려 드려야 한다고 말씀하고 있는 것입니다.

우리는 나 위주의 신앙의 삶을 살고 있지는 않은지 우리 자신의 신앙을 되돌아보아야 합니다. 그리고 신앙에 힘을 빼야 합니다. 내가 갓난아이였을 때를 생각해보십시오. 어머니에게 모든 것을 맡깁니다. 그리고 아기는 안심해 하고 행복해합니다. 우리는 우리 신앙에 너무 힘이 들어가 있습니다. 그래서 하나님께 전적으로 맡기지 못합니다. 마태복음 18장 3절에 "어린아이들과 같이 되지 아니하면 결단코 천국에 들어가지 못하리라"라고 말씀하신 이유가 바로 우리 신앙에서 너무 힘이 들어가 있기 때문입니다. 우리 각자는 하나님께 나의 모든 것을 맡기고, 우리의 착한 행실을 통해 이웃이 변화 받고 그들이 하나님께 영광을 올려드리는 복된 삶이 되게 하여야 합니다.

어리석은 자가 되라

고린도전서 3장 18절에 "세상에서 지혜 있는 줄로 생각하거든 어리석은 자가 되라"라고 말씀하고 있습니다. "어리석은 자가 되라"라는 뜻을 자세히 살펴보면 어리석게 사는 자가 되지 말고 어리석은 자처럼 살라는 뜻입니다. 어리석게 사는 자는 어떤 자일까요? 조선시대의 견마잡이를 들어보셨을 것입니다 조선시대 양반들은 나귀나 말을 타고 나들이를 즐겼는데 양반 체면에 본인이 직접 고삐를 잡을 수가 없기 때문에 하인에게 고삐를 잡고 앞장서서 걷도록 했습니다. 이들이 견마잡이입니다. 그리고 말의 고삐를 "거덜"이라고 불렀습니다.

그런데 고용된 견마잡이들은 양반이 타는 말의 고삐를 잡는 것이 일종의 권세인 양 무게를 잡고 싶어 했습니다. 그래서 그들은 고삐를 비싼 가죽으로 화려하게 치장하였습니다. 적은 급여에 견마를 치장하는데 많은 돈을 쓰느라 살림이 기울어지는 일도 생기게 되었습니다. 그 뒤 "거덜 나다"라는 말이 유행하게 되었고, 지금까지 우리가 그 말을 사용하고 있습니다. 이것이 얼마나 어리석은 생각이며, 어리석은 삶입니까? 이처럼 어리석은 삶에는 자신의 욕심이 들어 있습니다.

성경에도 이러한 자의 삶이 많이 기록 되어져 있습니다. 그중 하나가 누가복음 12장에 소개된 어리석은 부자 이야기입니다. 그 부자는 곡식 쌓아 둘 곳이 없으니 어찌할까 고민하다가 곳간을 헐고 더 크게 짓고 자신의 모든 곡식과 물건을 거기 쌓아 두기로 하였습니다. 그래서 여러 해 쓸 물건을 많이 쌓아 두고, 평안히 쉬고 먹고 마시고 즐거워하리라고 계획을 세웁니다. 그러자 하나님께서 말씀하시기를 "어리석은 자여 오늘 밤에 네 영혼을 도로 찾으리니 그러면 네 준비한 것이 누구의 것이 되겠느냐"라고 하셨습니다. 자신의 소유를 모은 후 편안히 사는 것이 삶의 전부로 착각하면서 사는 어리석은 자의 삶의 모습입니다.

성경에는 어리석은 자의 삶, 지혜로운 자의 삶을 살라고 하지 않고 어리석은 자가 되라고 즉 어리석은 자처럼 살라고 말씀하고 있습니다. 그리고 그렇게 살아야 지혜로운 자가 된다고 고린도전서 3장 18절에 말씀하고 있습니다. 그러면 어떻게 사는 것이 어리석은 자처럼 살게 되는 것일까요? 고린도전후서를 기록한 사도 바울의 삶의 모습을 보겠습니다. 고린도전서 2장 3절에 "내가 너희 가운데 거할 때에 약하고 두려워하고 심히 떨었노라"라고 사도 바울은 고백하였습니다. 그리고 그다음 4절에 "내 말과 내 전도함이 설득력 있는 지혜의 말로 하지 아니하고"라고 말하고 있습니다. 오직 성령의 나타나심과 능력으로 하였다고 합니다. 이처럼 사도 바울은 어떠한 상황에서도 당시 헬라 문화가 지향하는 세상의 지혜나 힘과 권력을 행하지 않았습니다. 약한 자의 모습으로 두렵고 떨리는 마음과 자세로 말을 하고 전도했기 때문에 항상 낮은 자세였고, 자신을 드러내지 않았습니다. 말과 행동에서 그리고 복음의 내용에서 항상 하나님을 높여드렸습니다.

그러면 어리석은 자처럼 사는 것은 구체적으로 어떻게 사는 것일까요? 고린도전서 9장 12절에 "다른 이들도 너희에게 이런 권리를 가졌거든 하물며 우리일까보냐 그러나 우리가 이 권리를 쓰지 아니하고 범사에 참는 것은 그리스도의 복음에 아무 장애가 없게 하려 함이로다"라고 말씀하고 있습니다. 어리석은 자가 되는 길, 즉 어리석은 자처럼 사는 삶이란 범사에 참는 것입니다. 절제하는 것입니다. 그렇게 해야 철저하게 예수 그리스도 중심의 삶을 살 수 있게 됩니다. 예수 그리스도 중심의 삶을 살기 위해서는 철저한 절제 즉, 나를 완전히 버려야 합니다. 빌립보서 2장 6절과 7절 "그는 근본 하나님의 본체시나 하나님과 동등됨을 취할 것으로 여기지 아니하시고 오히려 자기를 비워 종의 형체를 가지사 사람들과 같이 되셨고"라고 말씀합니다. 예수님께서는 이 땅에 오셨을 때 철저하게 당신 자신을 비웠습니다. 이를 사도 바울은 철저하게 닮으려고 하였습니다.

그리고 사도 바울은 철저하게 자신을 비웠습니다. 자신의 조그마한 자아도 없앴습니다. 오직 하나님만 높여드리고 하나님의 영광만을 위해 살았습니다. 자신만을 위한 어떠한 삶도 살지 않았습니다. 바울 자신을 위한 어떠한 욕심도 없었습니다. 디모데전서 6장 10절에 "돈을 사랑함은 일만 악의 뿌리"라고 말씀하고 있습니다. 돈을 사랑하는 이유는 탐욕과 욕심 때문이고, 탐욕과 욕심은 우리의 삶을 어리석게 사는 삶으로 바꾸어 버립니다. 어리석게 사는 삶이 아니라 어리석은 자의 삶을 사십시오.

지혜

지혜라는 단어는 성경에 많이 나옵니다. 그런데 지혜가 무엇이라고 생각하십니까? 물론 지혜는 예수 그리스도를 상징합니다. 그 외에도 지혜를 의미하는 다른 의미들이 성경에 많이 기록되어져 있습니다. 그러므로 지혜에 대하여 예수 그리스도 외에 다른 의미를 함께 생각해보려고 합니다.

집을 그리려고 하면 무엇부터 그리십니까? 일반적으로 많은 사람은 지붕부터 그립니다. 그리고 벽면을 그립니다. 그러나 집을 지어 본 사람은 주춧돌 그러니까 벽면이 지면에 튼튼하게 서 있을 수 있도록 기초면을 먼저 그립니다. 그다음 벽면을 그리고 지붕은 맨 마지막에 그립니다. 집을 짓기 위한 땅이 딱딱한 땅이 아니고 늪이라면 큰 파일들을 땅속 깊이 심는 작업을 먼저 합니다. 그리고 그 위에 콘크리트로 기초공사를 합니다. 그다음 그 기초 위에 벽체를 세우고 지붕은 맨 마지막에 세웁니다. 지혜도 이와 같습니다.

지혜는 우리가 이 세상을 살아나가는데 필요한 이치를 제공함으로써 인생을 의미 있게 살아가게 해줍니다. 그러므로 지혜는 집에서의 기초와 같은 것이라고 할 수 있습니다. 죄가 가득한 이 세상에 살면서 죄의 늪에 빠지지 않고, 흔들리지 않고 올곧게 하나님의 뜻대로 살아가려면 더 깊고 더 탄탄한 지혜 즉 튼튼한 기초가 형성되어야 합니다.

그렇지 않으면 죄의 늪에서 이리 흔들리고 저리 흔들리게 됩니다.

그러므로 우리는 신앙생활을 하면서 하나님에 대한 지식과 하나님으로부터 받은 지혜를 가지고 있는지를 지속적으로 판단해 보아야 합니다. 내가 교회를 어릴 적부터 다니고 있고 현재도 열심히 다니고 있지만, 지붕부터 그리는 자가 아닌지를 살펴보아야 합니다. 지붕부터 그리면 그것은 허공에다 집을 지으려고 하는 것과 같습니다. 매번 짓다가 변변히 집 한 채도 짓지 못하게 됩니다. 설사 기초가 있어도 그 기초가 튼튼하지 않으면 흔들리거나 무너질 수 있습니다. 우리는 하나님에 대한 끊임없는 지식습득을 통해 그리고 지식의 습득 과정에서 하나님께서 주신 깨달음의 은혜를 통해 하나님의 지혜를 얻어야 합니다. 이렇게 얻은 지혜는 우리가 신앙의 길을 가면서 우리가 만나는 온갖 어려움을 꿋꿋이 헤쳐 나아갈 수 있는 근간, 즉 주춧돌이 됩니다.

지혜를 얻기 위해 우리는 어떠한 노력을 해야 할까요? 우리는 이러한 지혜를 얻기 위해 하나님을 경외하여야 합니다. 여기에 대해서 욥기 28장 28절에 "보라 주를 경외함이 지혜요 악을 떠남이 명철이니라"라고 말씀하고 있습니다. 그리고 시편 111편 10절에도 "여호와를 경외함이 지혜의 근본이라"라고 말씀하고 있습니다. 잠언 9장 10절에도 "여호와를 경외하는 것이 지혜의 근본이요 거룩하신 자를 아는 것이 명철이니라"라고 말씀하고 있습니다. 이처럼 하나님께서는 지혜의 원천이시며, 그 지혜는 주를 경외함으로써 사람들에게 주어진다고 말씀하고 있습니다. 그러함에도 불구하고 우리는 지혜를 우리의 노력으로 얻으려고 합니다. 하나님께서 지혜의 원천이시기 때문에 하나님을 경외하지 않고 얻은 지혜는 세상의 지혜일 뿐입니다.

하나님을 경외함으로써 얻는 지혜는 어떤 것일까요? 기도를 예로 들어보려고 합니다. 우리가 신앙생활을 할 때 하나님께 항상 기도하라고 말씀하고 있고, 우리도 신앙생활을 하면서 기도의 중요성에 대해 깨닫고 지식적으로도 알고 이에 공감하고 있습니다. 이러한 기도를 어떻게 해야 할 것인가에 대한 부분은 지혜라고 할 수 있습니다. 유대인들이 기도를 행할 때 회당과 큰 거리 어귀에 서서 기도를 하는 것에 대해 예수님께서는 크게 나무라셨습니다. 그 이유는 내가 이렇게 열심히 하나님께 기도하고 있다는 사실을 남에게 알리고 싶은 나의 욕심이 들어 있기 때문입니다. 이것은 얄팍한 나의 이기심이 들어 있는 세상의 지혜라고 할 수 있습니다. 하나님께서 주신 지혜라고 할 수 없습니다. 하나님께서 주신 지혜는 나의 이기심과 나의 자랑과 나의 욕심이 전혀 들어 있지 않은 순수한 하나님의 마음을 받아서 드리는 기도이고 이를 하나님께서는 원하십니다. 그래서 골방에 들어가서 조용한 가운데 기도를 하라고 말씀하셨습니다.

우리가 성경적인 지식을 행할 때 내 안에 내주하신 하나님의 마음이 그대로 내 마음에 전해져서 그 하나님의 마음으로 내가 행할 때 우리는 하나님께서 주시는 지혜로 하나님의 뜻을 행할 수 있는 것입니다. 이것이 하나님을 경외하는 마음입니다. 항상 하나님을 경외하는 마음으로 하나님의 복음을 그대로 실천하심으로 하나님의 영광이 나타나는 삶이 되십시오.

최고의 감사

하나님을 믿는 우리는 감사할 일들이 너무 많지만 너무나도 감사한 것은 하나님께서 이 땅에 독생자 예수 그리스도를 보내주셨다는 것입니다. 그리고 예수님께서 우리들의 죄를 대신해서 죄로부터 구원해 주시기 위해 십자가에 매달려 돌아가셨다는 것입니다. 이 두 가지는 우리가 너무나 감사해야 할 하나님의 은혜입니다. 그렇지만 예수님의 십자가 사건은 우리 인간들이 저지른 가장 큰 죄악 중에 최고로 큰 죄악입니다. 나는 그 당시 살지도 않았기 때문에 십자가 사건에 대해 내가 크게 죄를 지었다는 생각이 들지 않는다고요? 아닙니다. 십자가는 지금도 진행되고 있는 사건입니다.

예수님께서 십자가에서 돌아가시고, 사흘째 되던 날 막달라 마리아와 야고보의 어머니 마리아와 살로메가 예수님 시신에 바르기 위해 향품을 가지고 무덤에 갔습니다. 가보니 무덤을 막아놓은 돌은 굴려져 있었고, 무덤 안에는 흰옷을 입은 청년이 있었습니다. 그 청년은 무덤을 찾은 막달라 마리아와 그 일행들에게 다음과 같은 이야기를 합니다. 마가복음 16장 6절에 "청년이 이르되 놀라지 말라 너희가 십자가에 못 박히신 나사렛 예수를 찾는구나 그가 살아나셨고 여기 계시지 아니하니라 보라 그를 두었던 곳이니라"라고 말합니다. 십자가에 못 박혔던 예수님의 시신은 십자가에서 분리된 후 무덤에 안치되었을 것입니다. 그런데 무덤에 있었던 그 청년은 십자가에 아직도 못 박힌 상태로 계신 예수님, 십자가에 매달리신 예수님에 대해 이야기하고 있습니다. 왜 흰옷을 입은 그 청년이 십자가에 못 박히셨던 예수님이 아닌, 십자가에 못 박히신 예수님에 대해 이야기했는지 그 이유를 곰곰이 생각해 볼 필요가 있습니다. 우리가 고난 속에 십자가에 매달리고 계셨던 예수님이 아닌 십자가에서 부활하신 예수님에 대해 더 관심이 있는 것은 아닌지 생각해 볼 필요가 있습니다. 즉 십자가 고난보다 부활에 더 관심이 있는 것은 아닌지 생각해볼 필요가 있습니다. 현재의 고난보다 장차 내가 받을 영광에 더 관심이 있는 것은 아닌지 깊이 생각해 볼 필요가 있습니다.

그렇다면 우리는 진심으로 회개해야 합니다. 왜냐하면, 흰옷을 입은 청년이 이야기했듯이 예수님의 십자가는 현재 진행형이기 때문입니다. 그리고 예수님께서 지셨던 그 십자가를 우리가 짊어져야 하기 때문입니다. 누가복음 9장 23절 "또 무리에게 이르시되 아무든지 나를 따라오려거든 자기를 부인하고 날마다 제 십자가를 지고 나를 따를 것이니라"라는 말씀에서 십자가를 날마다 져야 하는데 먼저 자기를 부인하라고 명령하셨습니다. 즉 나에게는 근원적인 죄가 있음을 인정하고 그 죄악의 뿌리에서 헤어 나오지 못하는 나 자신으로부터 완전히 돌아서라고 말씀하셨습니다. 그렇게 하기 위해서는 우리가 죄의 뿌리에서 헤어 나올 수 없기 때문에 먼저 나 중심의 생각이나 나에 대한 집착을 버려야 합니다. 그리고 나의 십자가는 내가 지고 가야 합니다. 그것도 날마다 져야 합니다. 왜냐하면 날마다 십자가를 지지 않으면 죄악의 육체가 날마다 살아나기 때문입니다.

그러므로 매순간마다 내 안에 있는 나의 자아를 버리고 예수 그리스도 안에서 살아야 합니다. 예수님의 마음, 예수님을 닮은 순종하는 삶을 살아야 합니다. 그리고 예수님께서 짊어지셨던 십자가를 생각해야 합니다. 예수님을 십자가에 매달기 위해 바리새인과 서기관들이 한 일은 거짓 소문을 퍼뜨리는 작업이었습니다. 그들은 예수가 귀신 들렸다고 소문을 퍼뜨렸고, 바알세불의 힘으로 귀신을 쫓아낸다는 소문도 퍼뜨렸습니다. 거짓 소문을 퍼뜨리는 것은 사탄의 수법이기 때문에 여기에 넘어가서는 안 됩니다. 예수님께서도 이러한 거짓 소문에 단호하게 대처하셨습니다. 너희들이 나를 사탄이라고 하는데 사탄이 어찌 사탄을 쫓아낼 수 있느냐고 반문하셨고, 이에 대해 마가복음 3장 23절에 기록되어 있습니다. 이처럼 거짓으로 선동함으로써 우리를 하나님으로부터 멀리 떨어지게 하려는 사탄의 계략은 지금도 횡행하고 있습니다.

거짓 선지자를 구별하는 방법으로 그들은 "너희가 평안할 것이라고 여호와께서 말씀하셨다"라고 말하면서 거짓 이야기를 퍼뜨리고 다닌다고 예레미야 23장 17절에 말씀하고 있습니다. 에스겔 13장 10절에서도 "거짓 선지자들은 평강이 없는데도 평강이 있다고 거짓말로 사람들을 현혹한다"라고 말씀하고 있습니다. 성경 전체는 선하신 하나님과 악의 세력 간의 영적 전쟁의 연속에 대해 말씀하고 있으며, 영적 전쟁은 지금도 진행 중입니다. 그래서 항상 예수님의 십자가를 생각하고, 그 십자가는 현재 진행형임을 잊지 마시고 그 십자가를 짊어짐으로써 예수님처럼 승리하십시오.

제3부
·········

보혜사 성령님

보혜사 곧 아버지께서 내 이름으로 보내실 성령 그가 너희에게
모든 것을 가르치고 내가 너희에게 말한
모든 것을 생각나게 하리라
요한복음 14장 26절

사랑

갈라디아서 5장 22절에 나오는 성령의 아홉 가지 열매 중 첫 번째가 사랑입니다. 이 아홉 가지는 성령의 열매이기 때문에 아홉 가지 모두가 하나님께서 가지고 계신 하나님의 고유한 성품입니다. 그런데 성령의 열매 중 첫 번째 열매인 사랑에 대해서 우리는 모두 잘 알고 있다고 생각합니다. 왜냐하면, 사랑이라는 단어를 우리가 많이 사용하고 있기 때문입니다. 그리고 우리 각자는 내가 우리나라를 사랑하고, 내 이웃을 사랑하고, 내 가족을 사랑하는 마음이 있다고 생각하고 있습니다. 이러한 생각은 하나님을 믿지 않는 사람들도 동일하게 생각하고 있습니다. 그러나 성령의 열매인 사랑은 사회 통념적이고 일반적인 사랑과는 차원이 다릅니다. 성령의 열매인 사랑은 그 근원이 하나님이고 하나님 자체이기 때문입니다. 그러므로 하나님을 믿는 자들은 성령의 열매인 사랑에 대해 정확하게 알고 실천할 필요가 있습니다. 그리고 일반적인 사랑의 의미와는 구분하여 사용할 필요가 있습니다.

사랑에 대한 정의는 "그가 우리를 위하여 목숨을 버리셨으니 우리가 이로써 사랑을 알고 우리도 형제들을 위하여 목숨을 버리는 것이 마땅하니라"라고 요한일서 3장 16절에 기록되어 있습니다. 이처럼 형제를 위하여 목숨을 버리는 것이 성령의 열매에서 말씀하고 있는 사랑입니다. 천하보다 귀한 목숨을 버리는 것이 사랑이기 때문에 사랑은 모든 것을 다 덮어버릴 수 있습니다. 예를 들어 성령의 열매 중 하나인 오래 참음도 사랑이 있으면 자동으로 실천될 수 있습니다. 왜냐하면, 성령의 열매 결과로 나타나게 되는 사랑에 대한 생각과 행동들이 마음에서 나오고, 그 마음은 내 안에 계시는 하나님께서 주시기 때문에 하나님을 닮아 오래참을 수 있는 것입니다.

　　그리고 하나님께서는 우리가 필요로 하는 하나님의 속성들을 한꺼번에 전해 주시기 때문에 성령의 아홉 가지 열매가 어떤 것은 내가 실천할 수 있고, 어떤 것은 실천할 수 없다고 이야기할 수 없습니다. 성령의 아홉 가지 열매는 모두 하나님의 성품이고 하나님 고유의 것이고 하나님 자체이므로 하나님께서 우리에게 주시면 언제나 어디에서나 자연스럽게 하나님께서 주신 아홉 가지 성품들이 나의 행실을 통해 나타내어지게 됩니다. 그러므로 "하나님을 사랑하지만 내 이웃을 내 몸과 같이 사랑하기가 정말 어려워"라는 이야기를 할 수 없게 됩니다. 그 이유는 하나님께서 주시는 사랑의 본질은 똑같기 때문입니다. 하나님께 드리는 사랑이 다르고 이웃에게 실천하는 사랑이 다르지 않습니다. 이웃에게 하는 사랑의 깊이는 내가 하나님에게 드리는 사랑의 깊이와 같습니다. 내가 하나님께 드리는 사랑은 큰데 이웃에게 전하는 사랑이 작다면 내가 하나님께 드리는 사랑도 이웃에게 베푸는 사랑만큼 작다는 의미입니다. 그리고 하나님께 드리는 사랑에서 이웃에게 베푸는 사랑을 뺀 나머지는 모두 가식이 됩니다.

하나님의 사랑을 말할 때 우리가 사회적 윤리적 도덕적 사랑과 함께 사용하면 안 됩니다. 그 근원이 다르기 때문입니다. 하나님의 사랑은 자기 목숨을 버리는 것입니다. 마가복음 12장 30절에도 "하나님을 사랑할 때 목숨을 다해서 사랑하라"라고 말씀하셨고, 요한복음 10장 11절 말씀에도 "선한 목자는 양들을 위해 목숨을 버린다"라고 하였습니다. 우리는 하나님으로부터 먼저 희생적 사랑을 받았습니다. 그리고 용서함도 받았습니다. 이제는 그 사랑을 이웃에게 돌려줄 차례입니다. 예수님께서는 심지어 원수까지도 사랑하라고 말씀하셨습니다. 남을 위해 목숨을 버리고 원수까지 사랑해야 하나님의 사랑이 이 땅에서 회자되고 이 땅에서 하나님의 사랑이 선순환될 수 있을 것입니다. 이처럼 자신의 목숨을 버릴 수 있는 사랑을 실천한다면 타인의 잘못에 대한 용서 정도야 아무런 문제도 아닐 것입니다.

다시 한번 강조합니다. 하나님의 사랑은 그 본질이 하나님으로부터 나오기 때문에 하나님을 향한 사랑과 형제와 이웃을 향한 사랑은 같습니다. 하나님을 사랑한다고 하면서 형제와 이웃을 미워한다면 하나님을 사랑하는 것이 아닙니다. 이러한 경우가 있다면 하나님의 사랑에 대한 개념 정리를 다시 할 필요가 있습니다. 요한1서 3장 10절에 "형제를 사랑하지 아니하는 자는 하나님께 속하지 아니하니라" 라고 분명하게 말씀하고 있습니다. 구별되고 성별된 하나님의 사랑을 이웃에게 실천함으로써 하나님께 영광을 올려드리는 복된 삶을 사십시오.

희락

　　성령의 아홉 가지 열매 중 두 번째 열매가 희락 즉 기쁨입니다. 희락은 성령의 열매이기 때문에 희락은 하나님의 속성 즉 하나님의 성품이라고 할 수 있습니다. 그러므로 성령의 열매인 희락은 우리가 일반적으로 느끼고 이해하는 희락과는 다릅니다. 우리가 이해하는 일반적인 희락은 우리 주위 환경의 영향을 받고 있기 때문에 일시적이지만, 성령의 열매인 희락은 내가 처해진 환경 위에 있기 때문에 우리 주위의 환경에 영향을 받지 않습니다. 그러므로 성령의 열매로서의 희락은 영원하고 항상 느낄 수 있는 영적 기쁨입니다.

　　영적 기쁨은 내 안에 계신 성령님과 내가 교통하고 있을 때 즉, 성령이 충만했을 때 느낄 수 있는 기쁨입니다. 더 구체적으로 말씀드리면 영적 기쁨은 내가 스스로 느끼는 기쁨이 아니고 성령께서 주시는 기쁨이기에 그 기쁨이 나에게 전해져 내가 느끼는 기쁨입니다. 내가 하나님에게서 오는 기쁨을 누리려면 내 안에 계신 성령님과 교통하여야 합니다. 성령 충만하여야 합니다. 빌립보서 4장 4절에 "주 안에서 항상 기뻐하라 내가 다시 말하노니 기뻐하라"라고 말씀하고 있습니다. 이 말씀에는 주 안에서 주님과 교통하는 가운데 성령 충만하여라. 그러면 항상 기뻐하게 되므로 항상 주안에 있도록 하라는 말씀이 포함되어 있습니다.

우리 주위의 환경은 항상 변합니다. 기쁜 일이 생길 수도 있고, 어려움을 만날 수도 있습니다. 기쁜 일이 생기고, 즐거운 일이 생겨서 얻는 기쁨은 환경에서 오는 기쁨입니다. 그러므로 환경이 바뀌어지면 기쁨은 사라질 수 있습니다. 그러나 성령 충만하면 어려운 환경을 만나더라도 하나님의 은혜에 감사하는 마음이 생길 것이고, 어려움도 기쁜 마음으로 만나게 될 것입니다. 환난 가운데서도 기쁨을 누릴 수 있게 됩니다. 데살로니가전서 1장 6절에 "또 너희는 많은 환난 가운데서 성령의 기쁨으로 말씀을 받아 우리와 주를 본받은 자가 되었으니"라고 말씀하고 있습니다. 성령의 기쁨으로 말씀을 받으면 마음 밭이 바뀌게 되고, 마음 밭이 바뀌면 세상을 보는 마음의 눈, 곧 관점이 달라지게 됩니다. 세상을 나의 관점에서 보는 것이 아니라 하나님의 관점에서 보게 됩니다. 관점이 나의 관점에서 하나님의 관점으로 바뀌게 됩니다. 관점이 바뀌니 나의 생각이 바뀌게 되고 나의 행동이 바뀌게 됩니다. 그리고 나의 감정도 항상 기뻐하게 됩니다. 그래서 환란을 만나도 기뻐할 수 있게 됩니다.

우리는 하나님을 믿으면서 내가 주께 얼마나 봉사할 것인지, 내가 주를 얼마나 영화롭게 할 것인지에 대해 관심을 가지고 있고 그렇게 하는 것이 믿음 생활이라고 생각합니다. 그러면 신앙생활이 빨리 지치게 되고 그 기쁨도 유한하게 됩니다. 게다가 잘못되면 교만해질 수도 있습니다. 주님을 섬기고, 주님을 영화롭게 하겠다는 생각에 앞서 먼저 나의 관점을 바꾸어야 합니다. 기쁨의 근원이 되시는 하나님 안에 들어가는 것이 먼저입니다. 하나님 안에 들어가

하나님을 사랑하신다구요? 사랑이 아니라 경외입니다

면 하나님의 관점으로 바뀌어지게 되므로, 자연스럽게 하나님을 닮게 되고, 저절로 주님을 섬기게 되고 이웃을 섬기게 됨으로 주님을 영화롭게 하게 될 것입니다.

다시 한번 강조하자면 주님을 섬기겠다는 생각과 의지보다 하나님 안에 들어가는 것이 먼저입니다. 그리고 하나님의 관점으로 바뀌는 것이 먼저입니다. 그러면 모든 것이 다 바뀌어질 수 있습니다. 어떠한 환경에서도 항상 감사하며, 기뻐할 수 있습니다. 하나님 안에서 성령 충만함으로 하나님을 닮고, 그 결과 항상 기쁨을 누리는 삶이 되십시오.

화평

성령의 아홉 가지 열매 중에서 세 번째 열매는 화평입니다. 화평和平을 한문으로 풀이하면, 화평의 첫 글자인 화和는 벼 화자에 입 구자를 붙여 씁니다. 즉 화는 벼농사를 모두 함께하여 고르게 먹듯이 화목한 분위기와 화목한 마음을 의미합니다. 화평和平에서의 평平은 수면에 떠 있는 부평초처럼 평화롭고 안정됨을 의미합니다. 그러므로 화평和平에서의 화和와 평平은 모두 다 평온함을 의미합니다.

만일 교회 공동체 내에서 어떤 일을 할 때 이론을 가지고 따지며 논쟁을 벌이고 누가 잘못했나, 누가 잘했나 시시비비를 가린다면 화평을 이루기 어렵습니다. 화평은 각자가 가지고 있는 기준이나 생각이나 이론을 다 접어두고 하나님의 기준, 하나님의 의의 방식으로 접근해야만 공동체에서 화평을 이룰 수 있습니다.

그러면 하나님의 기준은 무엇일까요? 5리를 가달라고 하면 10리를 가 줍니다. 내가 오전 6시부터 저녁 6시까지 일했지만 다른 동료가 개인 사정이 있어 조금밖에 일하지 못했음에도 불구하고 나와 똑같은 임금을 받아가더라도 이해하고 그 동료의 어려운 사정에 대해 기도해 주는 것입니다. 즉, 상대방의 입장이 되어서 생각해 주는 것입니다. 이것이 하나님의 기준이고, 하나님 방식입니다. 그리고 이러한 방식은 예수님 안에서 이루어집니다. 나의 사고 안에서

하나님을 사랑하신다구요? 사랑이 아니라 경외입니다

이루어질 수 없는 방식입니다. 하나님의 방식대로 해야 이웃과의 관계에서 화평이 올 수 있습니다. 하나님의 방식대로 해야 나와 하나님과의 관계에서 화평이 올 수 있습니다. 하나님의 방식에 맞지 않는 기준은 공동체 안에 적용하지 말아야 합니다.

예수님 당시에 유대인 사회의 기준은 사마리아인과는 접촉을 하지 않는 것입니다. 이 기준을 예수님께서 깨셨습니다. 사마리아인의 입장에서 살펴보면 사마리아는 북이스라엘이 앗수르에 의해 멸망당할 때, 앗수르의 이주 정책에 의해 문화와 종교가 혼합된 지역이었습니다. 그곳의 주민들은 이러한 정책으로 인해 이방 민족의 혈통을 지니게 되었습니다. 그러나 사마리아인들은 자신들의 전통성에 대해 자부심이 있었습니다. 그 이유는 다음과 같습니다. 이스라엘 사람들이 가나안 땅을 정복한 이후 각 지파에게 땅을 나눠준 장소가 그들의 영토 내에 있는 실로라는 장소입니다. 여호수아 18장 8절에서 10절까지 말씀을 보면, 여호수아는 실로에서 이스라엘 사람들을 보내 그들의 기업에 따라 땅을 그려오게 했고, 그들이 다시 모인 곳도 실로이며, 여호수아가 그들을 위하여 실로의 여호와 앞에서 제비를 뽑고 그 땅을 배분했다고 말하고 있습니다. 실로는 여호와의 거처인 회막이 있는 곳으로 예루살렘에 성전이 지어지기 전까지 이스라엘의 가장 거룩한 장소였습니다. 세겜이라는 곳은 북이스라엘의 첫 수도이자 아브라함이 땅을 약속받은 장소입니다. 세겜에는 야곱의 우물가도 있습니다. 이처럼 사마리아인들은 자신들의 땅에 대한 자부심을 가지고 있었습니다.

남 유다의 경우를 살펴보겠습니다. 바벨론에 의해 포로로 잡혀갔던 남 유다 백성들은 바벨론을 멸망시킨 페르시아의 왕 고레스의 칙령에 의해 고국으로 돌아올 수 있었습니다. 고향에 돌아온 유대인들은 성전 재건에 착수하였습니다. 이때 사마리아인들이 성전 재건에 참여하게 해달라고 청원하였으나 유대인들은 사마리아인들이 부정하다고 생각하여 그들의 청원을 거절하였습니다. 이에 대해 화가 난 사마리아인들은 성전 재건을 방해하였습니다. 이처럼 유대인과 사마리아인들은 같은 뿌리를 가지고 있었지만, 반목이 심했습니다. 그래서 유대인들은 사마리아인들과의 접촉을 금했습니다. 이러한 룰을 깨고 예수님께서는 사마리아 지역에 들어가셨습니다. 세례 요한도 같은 동족인 사마리아인과의 화해를 외치며 사회 통념상 접촉이 금지된 사마리아 지역에 사는 사람들에게도 세례를 베풀었습니다. 그리고 그들에게도 회개를 외치며 이 땅을 구원하실 구원자가 오심을 알렸습니다. 이처럼 세례 요한은 화평을 실천한 하나님의 백성이었습니다.

우리 모두 민족화합까지는 아니더라도 모든 사람과 더불어 화평하여야 합니다. 상대방과의 관계에서 이성적으로 따지기 시작하면 화평이 올 수 없습니다. 온유해야 합니다. 상대방의 입장이 되어서 이해해야 합니다. 양보해야 합니다. 그렇게 함으로써 교회 공동체의 구성원과의 관계에서 화평을 이룰 수 있고, 이웃과의 관계에서도 화평을 이룰 수 있습니다. 그러면 하나님과의 관계도 자연히 화평하게 될 것입니다. 화평을 실천하심으로 성령의 열매를 통해 하나님께 영광을 올려드리는 하나님의 백성이 되십시오.

인내

인내 즉 오래 참음은 성령의 아홉 가지 열매 중 네 번째입니다. 그런데 문제는 오래 참음에 대해 우리 각자가 어느 정도는 할 수 있다고 생각하는 데 있습니다. 물론 우리는 인생을 살아가면서 직장에서, 학교에서, 가정에서 그리고 교회에서 많이 참고 살고 있기 때문에 인내에 대해 어느 정도 자신이 있습니다. 그러나 그러한 생각은 성령의 열매에서 말씀하고 있는 오래 참음을 이해하고 실천하는 데 크게 도움이 되지 않습니다. 도움이 되기는커녕 오히려 그 반대일 수도 있습니다.

오래 참음의 원뜻은 "느긋한 품성"이라는 개념을 가지고 있습니다. 품성과 성격은 조금 다릅니다. 사람의 성격은 잘 변하지 않는다고 합니다. 급한 성격으로 잘 알려진 베드로가 예수님을 만난 후 그리고 예수님의 설교를 듣고 급한 성격이 변했다는 이야기는 성경에서 찾아볼 수가 없습니다. 그러나 품성은 얼마든지 바뀔 수 있습니다. 즉, 하나님의 속성을 닮아가면 우리의 품성이 바뀔 수 있습니다. 오래 참음도 다른 성령의 열매와 마찬가지로 하나님의 속성입니다. 여호와께서 노하기를 더디 하신다는 것은 성경에 많이 기술되어 있습니다. 출애굽기 34장 6절에 "자비롭고 은혜롭고 노하기를 더디 하시고 인자와 진실이 많은 하나님이라"라고 말씀하십니다. 민수기 14장 18절에도 "여호와는 노하기를 더디 하시고 인자가 많아 죄악과 허물을 사하시나 형벌 받을 자는 결단코 사하지 아니하시고"라고 말씀하고 있습니다. 이처럼 노하기를 더디 하시는 것이 하나님의 성품이라는 것은 우리가 다 잘 알고 있습니다.

그러면 이에 대해 하나님께서는 우리에게 어떠한 요구를 하고 계실까요? 하나님께서는 야고보서 1장 4절에 "인내를 온전히 이루라 이는 너희로 온전하고 구비하여 조금도 부족함이 없게 하려 함이라"라고 말씀하고 있습니다. 항상 거룩하라고 요구하셨듯이 인내도 또한 항상 인내하라고 말씀하고 있습니다. 그러나 우리는 항상 인내할 수 없습니다. 그러므로 인내 또한 하나님께서 우리에게 주시지 않으면, 즉 하나님의 인내를 우리가 얻지 못한다면 우리는 온전한 인내를 이룰 수 없습니다. 그 대상도 데살로니가전서 5장 14절 말씀처럼 "모든 사람에게 오래 참으라"라고 말씀하고 있습니다. 심지어 원수에 대해서도 참는 것은 물론 사랑까지 하라고 마태복음 5장 44절에 말씀하고 있습니다.

그러므로 오래 참음 그것도 항상 오래 참음을 실천하려면 오래 참음의 근원이 되시는 하나님의 속성이 우리에게 그대로 전달되어져야 합니다. 골로새서 1장 11절 "그의 영광의 힘을 따라 모든 능력으로 능하게 하시며 기쁨으로 모든 견딤과 오래 참음에 이르게 하시고"라고 말씀합니다. 하나님께서 당신의 능력을 그리스도인들에게 부어주심으로 말미암아 우리가 오래 참음이 가능할 수 있도록 해주시며 그것도 기쁨으로 우리가 행할 수 있도록 해주심으로 오래 참음이 전혀 힘들지 않게 행할 수 있다고 말씀해 주고 있습니다. 야고보서 5장 7절에는 "주께서 강림하시기까지 길이 참으라"라고 말씀하고 있습니다. 그러므로 어떤 상황에서도 우리가 끝까지 참으려면 우리에게 사랑하는 마음이 없으면 안 됩니다. 오래 참을 수 있는 원동력은 바로 사랑하는 마음이기 때문입니다.

사랑의 근원이신 하나님께서는 우리를 위하여 구원의 계획을 세우셨습니다. 그리고 독생자를 우리에게 보내셔서 우리의 죗값을 대속하게 하셨습니다. 이러한 원대한 사랑의 구원 계획을 가지고 계시고 그 계획을 지금, 이 순간에도 실천하고 계시기 때문에 하나님께서 계획하셨던 일들을 다 하실 수 있도록 우리 또한 참고 기다려야 합니다. 누가복음 21장 19절에 "너희의 인내로 너희 영혼을 얻으리라"라고 말씀하십니다. 이 말씀을 통해 인내는 구원과 연관이 있음을 우리는 알 수 있습니다. 주님께서 오래 참으시는 이유가 아무도 멸망하지 아니하고 다 회개하기에 이르기를 원하시기 때문이라고 베드로후서 3장 9절에 말씀하고 있습니다. 주님께서는 우리를 사랑하시기 때문에 오래 참고 기다리시는 것입니다. 하나님께서는 사랑의 구원 계획이 있으셨기 때문에 우리가 배반할 때에도 참으시고 구원 계획을 포기하시지 않으셨습니다. 모든 견딤과 오래 참음에 이르게 하시는 주님의 능력에 의지하시면서 항상 감사함으로 오래 참음의 성령의 열매를 이루십시오.

자비

성령의 다섯 번째 열매는 자비입니다. 자비는 하나님의 속성입니다. 에베소서 4장 32절에 "서로 인자하게 하며 불쌍히 여기며 서로 용서하기를 하나님이 그리스도 안에서 너희를 용서 하심과 같이 하라"라고 말씀하셨습니다. 선악과를 먹음으로써 하나님께 죄를 지은 인간은 영원한 죄와 사망의 굴레에서 벗어날 수가 없었습니다. 그러나 하나님께서는 자비하심과 사랑하심으로 구원의 계획을 세우셨고, 우리들의 죄를 사하시고 구원하시기 위해 독생자 예수님을 이 땅에 보내셨습니다. 하나님께서는 우리들의 회개를 전제로 구원 계획을 세우시지 않으셨습니다. 사랑과 자비가 먼저였습니다.

그리고 예수님께서는 죄인들을 용서하시고 병자들을 치유하시며 하나님의 자비와 구원을 선포하셨습니다. 나병 환자들에게는 그들의 처지를 안타까워하시고 그 당시 접촉해서는 안 되는 나병 환자들에게 "내가 원하노니 깨끗함을 받으라"라고 말씀하심으로 나병을 고치셨습니다. 이 사실은 누가복음 5장 13절에 기록되어 있습니다. 그리고 "너희 아버지의 자비로우심 같이 너희도 자비로운 자가 되어라"라고 누가복음 6장 36절에 말씀하셨습니다.

자비는 내가 상대방보다 위에 있기 때문에 불쌍히 여기는 마음이 아닙니다. 공동체에 속해 있으면서 같은 구성원으로서 상대방

하나님을 사랑하신다구요? 사랑이 아니라 경외입니다

의 고통이나 불행을 같이 느끼는 마음입니다. 돌아온 탕자 이야기가 누가복음 15장에 있습니다. 누가복음 15장 12절에 둘째 아들은 아버지에게 "아버지여 재산 중에서 내게 돌아올 분깃을 내게 주소서"라고 이야기하고 자신의 몫을 받아서 아버지로부터 완전히 독립하여 떠나갔다가 모든 재산을 탕진하고 집으로 돌아왔지만 아버지는 따뜻하게 맞아주고 잔치를 베풀었습니다.

이러한 아버지의 처신에 대해 큰아들은 "내가 여러 해 아버지를 섬겨 명을 어김이 없거늘 내게는 염소 새끼라도 주어 나와 내 벗으로 즐기게 하신 일이 없더니 아버지의 살림을 창녀들과 함께 삼켜 버린 이 아들이 돌아오매 이를 위하여 살진 송아지를 잡으셨나이다"라고 아버지에게 원망하듯이 말하였습니다. 아버지로부터 재산 분배해서 나가면 그 재산을 탕진하더라도 그 행위에 대해서는 자신이 책임을 져야 한다는 세상의 원칙과 법률적으로만 이 문제를 바라보는 큰아들의 모습을 우리는 봅니다.

그러나 아버지는 자신의 모든 재산을 잃어 당장 먹고 살 길이 막막한 가여운 자식을 품 안으로 거두어들였습니다. 이렇듯 하나님의 자비는 계산하지 않는 것입니다. 우리가 범죄하였으므로 우리가 그 대가를 치르는 것이 맞지만 그 대가를 직접 치르시고 구원하시는 것이 하나님의 자비입니다. 이러한 하나님의 사랑과 자비를 우리는 닮아야 합니다.

그런데 우리는 큰아들처럼 윤리적 도덕적 법률적 상식적으로만 판단하려 하고 있고, 세상의 기준으로만 모든 것을 처리하려고 합니다. 세상의 기준에서의 최고 행동은 자비로운 마음으로 해를 끼친 상대를 용서하는 것입니다. 그러나 하나님의 기준은 상대방을 용서하는 것뿐만 아니라 사랑하는 것입니다. 이렇듯 세상의 기준과 하나님의 기준은 다릅니다. 우리는 세상의 기준이 아닌 하나님의 기준을 따라가야 합니다. 모든 재산을 탕진하였지만 집으로 돌아온 것만으로도 기뻐하며 잔치를 베푸는 아버지의 깊은 사랑과 자비로운 마음을 우리는 닮아야 합니다.

구원의 삶을 바라고 집으로 돌아오는 작은 아들보다 구원해줄 아버지가 먼저 작은 아들을 발견하고 달려가 환영하였습니다. 그것도 격하게 환영하였습니다. 상대방이 우리에게 용서해달라, 도와달라는 요청을 받고 나서 자비를 베푸는 것이 아니라 우리가 먼저 그들에게 다가가 자비를 베풀어야 합니다. 동생의 죄가 무엇인지 밝히는 것에 집중한 큰아들의 모습이 아닌 오히려 제일 좋은 의복과 반지와 신을 신겨주어 그가 자유인이며 자신의 둘도 없는 아들임을 모든 사람에게 공표하는 아버지의 모습으로 살아가야 합니다.

우리는 살아가면서 얼마나 많은 죄를 지었고, 짓고 있습니까? 이러한 우리들의 모습에 대해 하나님께서는 어떻게 우리를 대하고 계시는지 생각해보아야 합니다. 그러면 이해 못 할 상대방의 잘못은 하나도 없게 됩니다. 상대방의 잘못에 대해 품으면 용서하고 사랑하지 못할 이유가 없게 되는 것입니다. 하나님의 사랑과 자비하심을 삶에서 듬뿍 실천하십시오.

양선

　갈라디아서 5장에 있는 성령의 아홉 가지 열매 중 여섯 번째가 양선입니다. 양선은 국어사전에는 "어질고 선하다"라고 되어 있습니다. 양선을 공동번역 성경에서는 "선행"이라고 번역되어 있습니다. 그리고 영어 성경에는 goodness라고 되어 있습니다. good이라는 단어는 "좋다"라는 뜻도 있지만 선하다는 뜻도 있습니다. 착함과 선함은 영어로 goodness이지만 한글에는 약간 의미가 구분됩니다. 착한 사람은 온순하고 순종적이지만, 선한 사람은 반드시 순종적이지는 않습니다. 착한 사람은 불의를 보고 화낼 줄 모르지만 선한 사람은 불의를 보면 분노합니다. 즉 착한 사람은 어떤 현상에 대해 반응한다면 선한 사람은 그 본질을 중요시하는 사람입니다.

　하나님의 본성은 선함입니다. 로마서 8장 28절에 "우리가 알거니와 하나님을 사랑하는 자 곧 그 뜻대로 부르심을 입은 자들에게는 모든 것이 합력하여 선을 이루느니라"라는 말씀에 비춰보면, 양선은 선이라는 목표를 향해 나아가는 행동이라고 볼 수 있습니다. 창세기 1장에서 하나님께서 창조하신 후 "하나님이 보시기에 좋았더라"라고 6번 말씀하셨습니다. 이때 사용된 "좋았다"라는 히브리 단어 "토브"에는 "선하다"라는 의미를 포함하고 있습니다. "좋았더라"는 영어 성경에 "it was good"이라고 표기되어 있습니다. 그러므로 단회적인 선한 행위를 "자비"라고 한다면 양선은 선이라는 목표를 가지고 움직이는 행동이라고 할 수 있습니다.

우리가 어떤 교인을 올바른 믿음의 길로 인도하기 위해 견책을 한다면 이것도 선한 행동 즉 양선이라고 할 수 있습니다. 레위기 19장 17절에 "너는 네 형제를 마음으로 미워하지 말며 네 이웃을 반드시 견책하라 그러면 네가 그에 대하여 죄를 담당하지 아니하리라"라고 말씀하고 있습니다. 이웃이 저지른 죄에 대해 덮어주는 자비로운 마음보다 견책함으로써 죄를 깨닫고 죄를 회개하며 죄를 짓지 않도록 하는 것이 양선이라고 할 수 있습니다. 자기 몫을 더 많이 가지려고 하지 않고 자신의 몫을 공정하게 소유하려는 것은 사회의 정의입니다. 그러나 자신의 권리를 과도하게 주장하지 않고 도리어 법이 자기를 지지하더라도 더 적은 몫을 받는 데에 만족한다면 자신의 내면의 평화와 신앙 공동체의 평화를 목표로 하는 선한 행동이라고 할 수 있습니다. 이것이 합력하여 선을 이루게 하시는 하나님의 뜻입니다.

마태복음 20장의 포도원 주인 이야기를 보면 오전 6시부터 온종일 일을 한 품꾼은 오후 5시에 와서 한 시간밖에 일하지 않은 품꾼과 품삯이 같은 것을 보고 포도밭 주인에게 따졌습니다. 물론 분명히 한 데나리온 품삯을 약속하였지만 한 시간밖에 일하지 않은 품꾼도 한 데나리온 받는 것을 보고 화가 났던 것입니다. 일한 시간도 차이가 나지만 낮에 뙤약볕에서 일한 사람과 5시부터 서늘한 시간에 그것도 한 시간밖에 일하지 않은 사람과는 일하는 환경에서도 차이가 나지 않느냐고 따지고 있습니다. 그러나 포도밭 주인은 일하고 하루 생활비는 가져가야 된다고 생각하고 있습니다. 마태복음 20장 1절에 "천국은 마치 그 포도원 주인과 같으니"라고 하였습니다. 누구에게나 필요한 일용할 양식을 제공하려는 하나님의 마음이 바로 하나님의 선입니다. 내가 일용할 양식을 받았다는 감사함과 일을 함께 했던 동료 품꾼이 일은 나보다 적게 했지만, 하루 일당을 온전히 받았음에 안도하며, 마음을 써준 주인에게 감사의 말을 전해야 할 것인데, 나 중심에서 이 상황을 해석하며, 다른 사람이 나보다 후히 받는 것에 대한 시기심이 온 마음을 지배하고 있었습니다.

우리는 나의 죄, 우리의 죄를 사하셔서 우리를 구원의 길로 인도하신 예수님의 거룩한 희생의 결과로 구원이라는 엄청난 선물을 값없이 먼저 받았습니다. 우리가 구원에 이를 수 있도록 주님께서 희생하신 것이 얼마나 고귀한 궁극의 선함입니까! 무엇보다도 큰 선물을 받았음에도 현재 다른 사람이 받은 은혜와 내가 받은 은혜를 비교하고 있는 우리입니다. 비교하며 불평하는 것은 세상의 사람이 하는 행동입니다. 천국의 사람은 자신과 하나님과의 관계가 잘못되어져 있지는 않은지 살피어 회개의 기도를 하고, 하나님으로부터 받은 사랑을 이웃에게 고스란히 전하는 사람입니다. 이것이 하나님의 선하심을 닮은 우리들의 양선입니다. 하나님의 양선을 삶에서 실천하십시오.

기도

신앙생활을 하는 우리가 가장 경계해야 하는 것은 자신감입니다. 예를 들면 '내가 마음을 안 먹어서 그렇지 마음만 먹으면 믿음 생활을 열심히 할 수 있지' 라는 것입니다. 내가 마음만 먹으면 어떠어떠한 것을 할 수 있다는 것이 바로 나의 의지입니다. 좀 더 구체적으로 표현하면 나의 자유의지입니다. 하나님을 믿는 믿음 생활에서도 하나님께서는 나에게 자유의지를 주셨기 때문에 내가 마음만 먹으면 언제든지 믿음 생활을 잘할 수 있다고 생각합니다. 이러한 자유의지는 내가 마음을 먹는 것이기 때문에 자유의지의 주체는 바로 나 자신입니다. 그리고 내가 마음을 먹고 실천한 것이 되므로 나의 공로심이 발동될 수 있습니다. 나의 믿음 전부는 온전히 하나님의 전적인 은혜라고 말하면서 또 한편으로는 은연중에 나의 공로에 대한 자부심을 갖게 될 수도 있습니다. 그 결과 내가 기도할 때 하나님께 내가 원하는 것을 이야기하면 하나님께서 들어주시겠지 라는 막연한 기대감을 가지고 있습니다.

그러므로 자유의지를 믿는다는 것은 나의 신앙심에 걸림돌로 작용할 수 있습니다. 기도란 죄의 고백과 감사와 함께 성령님의 도우심을 받아 하나님의 뜻에 합당한 것을 그리스도의 이름으로 간구하는 것이므로 자유의지와는 상관이 없습니다. 요한일서 5장 14절에 "그를 향하여 우리가 가진 바 담대함이 이것이니 그의 뜻대로 무

하나님을 사랑하신다구요? 사랑이 아니라 경외입니다

엇을 구하면 들으심이라"라고 말씀하고 있습니다. 성경의 말씀처럼 나의 기도가 하나님께 열납 되기 위해서는 하나님 뜻대로 기도해야 합니다. 우리는 하나님 뜻을 정확히 알 수 없으므로 성령님께서 도와주십니다. 그리고 성령이 말할 수 없는 탄식으로 우리를 위하여 친히 간구하고 계시며, 우리는 마땅히 기도할 바를 알지 못한다고 로마서 8장 26절에 분명히 말씀하고 계십니다.

그러므로 우리는 기도에 대한 겸손함이 있어야 합니다. 우리는 하나님의 뜻을 제대로 알 수 없으므로 뜻에 맞는 기도를 할 수 없음을 분명히 알아야 합니다. 하나님께서는 우리를 죄와 사망으로부터 구원하시기를 원하십니다. 우리를 구원하시기 위한 하나님의 계획이 있으시기 때문에 그 구원의 계획에 따라 우리에게 기도하게 하십니다. 기도는 우리가 하는 것이 아닙니다. 기도의 주체가 우리가 되면 우리의 기도는 하나님의 뜻을 벗어나는 기도를 할 수밖에 없으며 기도하고 싶을 때 기도하고 기도하기 싫으면 기도하지 않게 되며 기도가 잘 안 되면 기도를 잘하는 사람에게 부탁하는 식으로 기도에 대해 접근하게 됩니다. 하나님께서는 우리가 성화되어 구원에 이르기를 원하시기 때문에 기도 또한 철저하게 하나님의 예정 안에서 하나님의 뜻에 따라 행해져야 합니다.

그리고 기도를 통해 변화되고 성숙 되어져야 합니다. 신앙과 기도를 행하는 것에 나의 자유의지가 있다는 주장은 이단 사상에서 나온 것임을 우리는 분명히 알아야 합니다. 펠라기우스는 인간의 능력과 자유의지를 강조함으로 전적인 하나님의 은혜를 부인하였습니다. 그는 인간이 자유의지를 통해 스스로 선과 악을 선택할 수 있는 존재라고 주장하였습니다. 예를 들면 아담이 선악과를 먹은 것은 자유의지인 것과 마찬가지로 우리는 자유의지가 있기 때문에 선과 악을 선택할 수 있다고 그는 주장하였습니다. 펠라기우스는 하나님이 인간에게 순종하라고 명령하실 수 있는 것은 인간에게 순종할 수 있는 능력이 있기 때문이라고 해석하였습니다. 즉 하나님의 은혜가 아니어도 순종할 능력이 이미 인간에게 주어졌다는 것입니다. 자유의지를 주창한 펠라기우스의 주장은 결국 에베소 공의회(431년)와 오랑주 회의(529년)에서 정죄를 받았습니다.

자유의지 주장은 끊임없이 우리 주위를 맴돌고 있으며, 이는 우리가 제대로 된 신앙을 형성하는 데 나쁜 영향을 여전히 끼치고 있습니다. 다시 한번 강조하면 기도의 주체가 나라고 생각하면 안 됩니다. 나의 자유의지로 기도한다고 생각해서도 안 됩니다. 기도의 주체는 나 자신이 아닌 하나님이심을 잊어서는 안 될 것입니다. 그리고 성령께서 도와주시지 않으시면 우리는 하나님께서 들으시는 기도를 할 수 없다는 것도 잊지 말아야 할 것입니다. 쉬지 말고 기도하라고 하셨으니 우리는 항상 성령님과 교통함을 잊지 말고 성령님의 도우심으로 하나님의 뜻에 합당한 기도의 교제를 나누는 자가 되십시오.

하나님을 사랑하신다구요? 사랑이 아니라 경외입니다

충성

성령의 일곱 번째 열매는 충성입니다. 하나님께서는 우리를 사랑하십니다. 사랑을 받은 우리도 하나님을 사랑해야 하고 사랑하고 있습니다. 하나님께서 우리를 사랑하시고, 우리도 하나님을 사랑한다고 해서 그 사랑이 같은 것이 아닙니다. 하나님께서 우리에게 베푸시는 사랑하는 마음과 우리가 하나님께 대해 드리는 사랑은 본질적으로 다릅니다. 그 이유는 하나님과 우리의 관계가 동등한 관계가 아니기 때문입니다. 하나님과 우리의 관계는 왕과 백성, 주인과 종의 관계입니다. 왕이 백성을 사랑하는 마음과 백성이 왕을 사랑하는 마음은 다릅니다. 왕이 백성을 사랑하는 마음은 부모가 자식을 사랑하는 자애로운 사랑이지만 백성이 왕을 사랑하는 마음은 진심으로 존경하는 마음이 들기 때문에 자연스럽게 따르고, 섬기고, 의지하는 마음입니다.

하나님에 대한 우리의 사랑을 좀 더 구체적으로 말씀드리면 하나님께 드리는 충성이라고 할 수 있습니다. 고린도전서 4장 2절에서는 "맡은 자들에게 구할 것은 충성이니라"라고 말씀하고 있습니다. 그리고 신명기 11장 13절에 여호와께서는 이스라엘에게 "여호와를 사랑하여 마음을 다하고 뜻을 다하여 섬기면"이라고 말씀하고 있습니다. 즉 섬기고 충성하라고 요구하고 계십니다. 그리고 이 구절에서 사랑하라는 히브리어 동사 "아하브"는 충성이라는 의미를 내포하고 있습니다. 하나님을 온 마음과 온 생각과 우리의 모든 것을 다 바쳐서 사랑하고 충성해야 합니다. 사랑과 충성은 우리가 선택할 수 있는 것이 아닙니다. 사랑과 충성은 여호와 하나님의 명령입니다. 마음을 다하고 뜻을 다하여 너희의 하나님 여호와를 사랑하라고 할 때 하나님의 법이 무서워 억지로 사랑하고 충성하는 것이 아닙니다. "네가 죽도록 충성하라 그리하면 내가 생명의 관을 네게 주리라"라는 요한계시록 2장 10절 말씀에 따라 생명의 면류관을 얻기 위한 목적으로 하나님께 죽도록 충성하는 것도 아닙니다. 나 같은 죄인을 구원시키시기 위해 독생자까지 이 땅에 보내셔서 십자가에서 죽게 하심으로 나의 죄를 대속하게 해주시고, 성령님을 보내주시어 나로 하여금 구원에 합당한 삶을 살 수 있도록 해주시는 하나님이시기에, 그 은혜에 내가 진심으로 경외하는 마음에서 우러나오는 충성입니다.

마음에서 우러나오는 충성심은 나의 의도적이고, 의식적인 충성스러운 행위가 아닙니다. 의도적이고 의식적인 충성은 쉬이 피곤하게 되어 오래 지속하지 못합니다. 내 안에 계신 하나님께서 나의 마음에 오실 때 나에게 자연스럽게 발생하는 자연스러운 믿음, 자연스러운 충성심입니다. 우리는 하나님만 바라보고 나아가야 합니다. 우리는 하나님을 경외하고 그 경외심에서 나오는 충성된 마음으로 나의 모든 것을 다 바쳐 하나님을 사랑해야 합니다. 우리는 죄악 된 세상에서 살기 때문에 우리의 욕심이 끊임없이 올라옵니다. 욕심이 우리 내면에 있으면 우리는 순수하게 하나님을 사랑할 수 없고, 진정한 충성을 할 수 없습니다. 왜냐하면, 우리의 마음에는 의도성이 있기 때문입니다.

우리는 신앙의 순수성을 가져야 합니다. 그 이유는 하나님 당신이 순수하고 고결하시기 때문이고, 죄가 없으시고 오직 선하심만 있기 때문입니다. 그러므로 우리는 욕심과 탐욕을 쫓아내기 위해 날마다 죽어야 합니다. 하나님을 우리보다 훨씬 더 잘 알고 있는 사도 바울이 날마다 죽는다고 고백하였으니 우리는 매순간마다 죽어야 합니다. 그렇게 해야 갈라디아서 2장 20절 말씀처럼 하나님께서 우리 안에서 사실 수 있습니다. 믿음은 상대적인 것이 아닙니다. 하나님과 나와의 관계입니다. 상대와 비교하면 '하나님께서 나에게는 왜 이렇게 하시지' 하면서 시험에 들거나 아니면 그 반대의 경우에는 내가 우쭐해지고 교만해질 수 있습니다. 마음을 다하는 순수한 충성과 내주하신 하나님의 은혜로 평안과 행복한 신앙의 여정을 걸으십시오.

온유

　　성령의 여덟 번째 열매는 온유입니다. 일반적으로 '온유함'은 하나님보다는 다른 사람을 대하는 성품에 더 가까운 표현입니다. 우리가 하나님께 대하는 태도로서 온유함이라는 표현은 보통 사용하지 않습니다.

　　그러면 우리가 하나님께 대하는 태도는 어떤 표현이 적절할까요? 구약에서 대표적으로 온유한 사람 중 한 사람인 모세를 통하여 온유함에 대한 말씀을 살펴보겠습니다. 민수기 12장 3절에 대해 개역 개정에는 "이 사람 모세는 온유함이 지면의 모든 사람보다 더하더라"라고 쓰여져 있습니다. 그러나 공동번역에는 "모세는 실상 매우 겸손한 사람이었다. 땅 위에 사는 사람 가운데 그만큼 겸손한 사람은 없었다"라고 쓰여져 있습니다. 그 외 새번역 성경, 쉬운 성경 모두 겸손한 사람이라고 쓰여 있습니다. 온유함과 겸손함의 의미가 조금 다른데 왜 이렇게 쓰였을까요? 우리가 이웃에게 대하는 태도는 온유함이어야 하고, 우리가 하나님께 대하는 태도는 겸손함이어야 한다는 의미입니다.

　　출애굽을 시작한 이스라엘 백성들은 먹는 것 마시는 것으로 모세를 향해 따지듯이 원망을 합니다. 몇 번 정도의 원망이 아니라 백성들은 지속해서 원망하였고, 심지어 울었다고 기록되어 있습니

　　하나님을 사랑하신다구요? 사랑이 아니라 경외입니다

다. 그때마다 모세의 마음은 비참해졌을 것이고 그때마다 하나님께 호소하였습니다. 민수기 11장 11절 말씀에 "모세가 여호와께 여짜오되 어찌하여 주께서 종을 괴롭게 하시나이까 어찌하여 내게 주의 목전에서 은혜를 입게 아니하시고 이 모든 백성을 내게 맡기사 내가 그 짐을 지게 하시나이까"라고 하며 하나님께 호소하였습니다. 백성들로부터 스트레스를 받은 모세가 그때마다 화를 내었다는 기록은 없습니다. 모세는 원망을 고스란히 다 받고 하나님께 기도로 매달렸습니다. 백성들뿐만 아니라 '구스 여자'를 취하는 문제로 친남매인 미리암과 아론으로부터 비방도 받았습니다. 민수기 12장 1절 말씀에서 "모세가 구스 여자를 취하였더니 그 구스 여자를 취하였으므로 미리암과 아론이 모세를 비방하니라"라고 했습니다.

이처럼 모세는 동족 백성으로부터 끊임없이 공격을 받았고 이제는 형제와 자매에게서까지 비난을 받는 안타까운 처지가 되었습니다. 미리암이 모세를 비방한 일로 하나님께서는 진노하셨고, 미리암은 문둥병에 걸렸습니다. 그런데 모세는 미리암을 원망하지 않았고, 오히려 미리암의 병을 고쳐달라고 하나님께 부르짖으면서까지 간절히 기도하였습니다. 이것이 모세의 온유함입니다. 하나님께서는 모세의 기도를 들으셨고 미리암에게 7일간 병을 앓게 하신 후 낫게 해 주셨습니다. 이러한 모세에 대해 하나님의 평가는 12장 3절에 기록된 말씀처럼 "모세의 온유함이 지면의 모든 사람보다 더하더라"라고 평가하셨습니다.

모세에 대한 하나님의 평가처럼 모세는 아론과 미리암의 비방과 시기에 대해 어떠한 변명을 하거나 맞서 싸우지 않았습니다. 비방과 시기 때문에 지도자인 자신의 위치와 자존감은 낮아질 대로 낮아졌지만, 지도자로서의 위치를 회복하기 위하여, 그리고 자존감의 회복을 위하여 개인적으로 맞서 대응하지 않았습니다. 다만 하나님께 자신의 억울함에 대해 기도만 했습니다.

우리는 이러한 모세를 통해 온유함이란 어떤 것인지 알 수 있습니다. 온유함이란 억울한 일이 있어도 상대에게 아무런 이야기를 하지 않는 것입니다. 자기주장을 하면 서로 목소리가 커질 것이고, 그러면 나의 마음에 평화가 깨질 것입니다. 내 안에 마음의 평화가 깨어지면 언제든지 악의 영이 내 안에 침입할 수 있습니다. 하나님께서는 우리가 악의 영에 침범당하는 것을 절대 원하시지 않습니다. 우리는 이러한 사실을 항상 기억해야 합니다.

그러므로 우리가 억울함을 당할 때 하나님께서 나의 억울함을 아시기 때문에 하나님께서 나의 억울함을 풀어주시리라 믿고, 하나님께 맡겨야 합니다. 설령 하나님께서 당장 나의 억울함을 풀어주시지 않는다 해도 분명 이유가 있을 것이라고 믿는 믿음 또한 우리는 가져야 합니다. 모세처럼 모든 것을 하나님께 맡기고, 온유함으로 성령의 열매를 맺으십시오.

하나님을 사랑하신다구요? 사랑이 아니라 경외입니다

절제

절제는 갈라디아서 5장 23절, 성령의 아홉 가지 열매 중 제일 마지막에 기술된 열매입니다. 절제는 "자기 제어"Self Control, Temperance 를 의미합니다. 우리가 누군가로부터 "절제 좀 해야겠다"라는 말을 듣는다는 것은, 내가 지금 뭔가를 너무 지나치게 하고 있다는 것을 의미합니다. 다윗은 절제력을 잃었을 때 부하 장수인 우리아의 아내 바세바를 범했습니다. 솔로몬은 하나님의 경고를 무시하고 이방 여자들과 결혼했습니다. 심지어 시돈 백성의 여신 아스다롯과 암몬 사람들이 섬기는 밀곰에게 예배했습니다. 그리고 예루살렘 양쪽 언덕 위에 산당을 지었습니다. 그곳에서 모압 사람들은 그모스를 섬기고, 암몬 사람들은 몰렉을 섬겼습니다. 솔로몬은 외국인 아내 모두에게 자신들의 신들을 섬길 수 있도록 허락해 주었습니다.

이와는 대조적으로 예수님께서는 이 땅에 오셔서 깨끗한 마음에서 나오는 행함에 대해 말씀하셨습니다. 그래서 초대교회 기독교인들은 성결한 생활, 절제 있는 생활을 실천할 수 있었습니다. 첫 번째 기독교인 로마 황제 콘스탄틴이 서로마제국 황제였을 때 기독교를 공인하게 된 이유 중의 하나가 기독교인들의 건전한 가정생활과 절제였습니다. 당시 로마의 여인들은 자식을 낳기만 하고 양육은 외국에서 데려온 노예들에게 맡겼습니다. 그리고 그 시간에 자신들은 사치와 방탕한 생활을 즐겼습니다. 그러므로 로마 황제는 로마제국의 장래를 생각하여 미래의 인재들을 노예의 손이 아닌 기독교인들과 같은 건전하고 절제 있는 환경에서 키워야 한다고 생각했습니다.

일제 강점기 시절 조선총독부는 중독성이 강한 기호품인 술, 담배, 마약들을 대량 살포했고, 공창제도 도입하여 퇴폐 향락적인 문화를 조장하는 방법으로 막대한 국고 수입과 함께 일본에 대한 정신적인 노예를 만들려는 정책을 펼쳤습니다. 그 결과 백성들은 생활에서 절제력을 잃었고, 가정을 돌보지 않는 가장들이 많았습니다. 그래서 기독교 내에서는 "대한 기독교 여자 절제회", "조선 기독교 절제회"를 조직해서 활발히 활동하였습니다. 오죽하면 합동찬송가 486장에 금주가를 수록하였고, 절제회에서는 금주가를 부르며 시내 행진을 하고, 백성들에게 전단지를 나누어주며 의식 계몽운동을 전개하였을까요?

이와는 반대로 절제력이 강한 사람들이 모여 사는 지역이 있습니다. 서울대에서 백 세 인구가 많은 지역을 조사하던 중 소록도 지역의 한센병을 앓은 환우들의 수명이 다른 지역보다 월등히 높고 고령인들의 건강 상태가 양호함을 발견하였습니다. 특히 남성 한센인들의 수명은 일반 남성에 비하여 무려 7년 더 길다는 사실을 연구를 통해 발견하였습니다. 그들은 모두 강한 신앙심을 가지고 있었습니다. 매일 새벽 기도, 저녁 기도를 드렸습니다. 그리고 그들은 신앙심에서 비롯된 정신적 안정과 생활의 절제가 있었습니다.

이처럼 절제력은 신앙생활을 하는 데 있어서 매우 중요합니다. 절제하지 못하면 교만에 빠지게 됩니다. 절제의 반대는 무절제가 아니라 교만입니다. 교만은 사회와 공동체의 질서를 무너뜨리는 주범입니다. 그러므로 공동체 내에서는 절제가 반드시 필요합니다. 교회 공동체 내에서 내 몫을 찾으려고 할 때 그 공동체는 깨진다는 사실을 우리는 잊어서는 안 됩니다. 내가 나 자신만 생각하고, 나의 욕심만 생각할 때 당연히 주님은 내 안에 없습니다. 그러한 삶은 성도의 삶이 아닙니다. 갈라디아서 2장 20절에 말씀하기를 "내 안에 내가 사는 것이 아니고, 예수 그리스도께서 사시는 것이라"라고 하였기 때문입니다.

내 안에 나의 욕심이 가득하다면 아니 조금이라도 욕심을 가지고 있다면 내 안에는 내가 살고 있는 것이지 예수 그리스도께서 사시는 것이 아닙니다. 그러면서 어찌 하나님을 믿는 백성이라고 할 수 있겠습니까? "너희 중의 누구든지 자기의 소유를 버리지 아니하면 능히 내 제자가 되지 못하리라"라고 누가복음 14장 33절에 말씀하셨습니다. 나의 소유는 물질적인 것뿐만 아니라 나 자신이 가지고 있는 나의 욕심, 나의 이기심과 같은 악한 마음 그리고 나의 악한 행실도 포함됩니다.

나의 소유를 버리는 것이 바로 절제입니다. 우리가 절제하는 신앙의 삶을 살 때 비로소 주님께서 우리 안에 사실 수 있습니다. 그래서 성령의 아홉 가지 열매 중 제일 마지막에 절제가 있는지도 모르겠습니다. 절제함을 실천함으로써 성령의 아홉 가지 열매를 모두 이루십시오.

성령 충만

예수 그리스도께서 부활하신 후 성령님을 우리에게 보내주셔서 현재 우리 안에는 성령님께서 내주하고 계십니다. 그리고 내주하고 계시는 성령님께서 우리를 완전히 지배하고 계시는 상태를 성령 충만하다고 이야기할 수 있습니다. 우리가 성령 충만해지면 성령께서 인도하시는 바른 방향대로 나아갈 수 있습니다.

민수기 27장 18절에 "눈의 아들 여호수아는 그 안에 영이 머무는 자니"라고 여호와께서 말씀하셨다고 기록되어 있습니다. 이 말씀으로 보아 여호수아 안에는 성령님께서 항상 머무르고 계셨음을 알 수 있습니다. 여호수아와 우리는 성령님께서 우리 안에 내주하고 계심은 같습니다. 그러면 다른 점은 무엇일까요? 여호수아는 무슨 일이 생기면 하나님께 기도하고 여쭈었습니다. 그리고 하나님의 지시에 따라 움직였습니다. 하나님의 말씀에 전적으로 순종하였습니다.

우리는 하루 동안에 수도 없이 많은 결정을 하면서 살아가고 있습니다. 이때 나의 경험이나 나의 욕구대로 결정을 내리곤 합니다. 혹은 주위의 의견이나 다수의 의견을 따라 결정을 내리곤 합니다. 그러나 여호수아는 그렇게 하지 않았습니다. 그는 자신의 의견이나 대세를 따라 결정하는 삶이 아니라 하나님의 언약만을 바라보는 믿음의 삶을 살았습니다. 그리고 사도행전 13절 52절에 "제자들은 기쁨과 성령이 충만하니라"라고 말씀하고 있습니다.

성령님께서 우리 안에 계셔서 우리를 지배하시면 우리 마음은 평안해집니다. 그리고 항상 즐겁고 기뻐하는 삶을 살 수 있게 됩니다. 어려운 환경을 만났는데 성령이 충만하지 않을 때는 매사가 짜증이 나고 걱정으로 마음이 무겁게 됩니다. 그리고 마음도 어둡게 되어 얼굴 표정도 나의 행동도 거칠어지게 됩니다. 걱정과 불안은 하나님의 속성이 아닙니다. 걱정과 불안, 그리고 마음의 어두움이 우리를 지배한다는 것은 성령님께서 우리를 지배하지 않고 있다는 증거입니다.

그러나 성령이 충만해지면 나에게 부닥친 어려운 환경과 이 어려움을 주신 하나님의 뜻을 생각하게 됩니다. 성령이 충만해지면 그래서 성령 하나님께서 나를 다스리시게 되면 하나님의 속성이 내 안에 그대로 나타나게 됩니다. 평안과 기쁨이 내 안에 가득 차게 됩니다.

우리 안에 성령님께서 분명히 내주하고 계시지만 짜증이 나고 걱정으로 마음이 무거울 때가 많은지 아니면 평안과 기쁨이 더 많은지 생각해 보아야 합니다. 주님께서는 우리에게 성령님을 선물로 주셨지만 그래서 우리 안에 성령님께서 내주하고 계시지만 성령 충만하지 못한 이유를 갈라디아서 5장 16절 "너희는 성령을 쫓아 행하라 그리하면 육체의 욕심을 이루지 아니하리라" 말씀하고 있습니다.

성령께서 내주하고 계시지만 우리가 성령님을 가까이하지 못하고 있는 이유는 바로 우리의 욕심 때문입니다. 기도할 때에도 "하나님, 제가 이러이러한 일을 행하려고 합니다. 도와주시옵고, 은혜를 내려 주시옵소서"라는 식으로 기도를 합니다. 이때 우리가 드리는 기도의 주어는 나입니다. 내가 기도의 주체가 되듯이 나의 신앙의 삶도 내가 주체가 되어 내가 주인공이 되는 삶을 우리는 살고 있습니다. 내가 주인공이 되는 삶에는 반드시 나의 욕심이 있게 됩니다. 내가 기도할 때 내가 주어가 되고, 내가 주인공이 되는 삶에는 성령 충만함이 이루어지지 않습니다. 지속적인 성령 충만의 삶을 살기를 원하시면 내가 주어가 되는 기도를 버리고 내가 목적어가 되는 기도를 하십시오. 그리고 내가 주인공이 되는 삶을 살려 하지 마시고 내가 하나님의 도구가 되는 삶을 사십시오.

우리는 성령 충만한 상태가 되지 못하면 결코 죄를 이기지 못합니다. 죄를 극복할 수 있는 단 하나의 방법은 오직 성령으로 충만할 때 가능하게 됨을 잊어서는 안 됩니다. 그리고 한순간이라도 우리의 욕심으로 성령님을 멀리하는 일이 없도록 항상 신앙에 겸손함이 있어야 합니다. 결코 내가 주인공이 되는 삶을 살아서는 안 됩니다. 하나님의 도구가 되는 삶을 통하여 성령 충만한 신앙의 삶이 되십시오.

제4부

· · · · · · · · ·

믿음, 소망, 사랑

믿음은 바라는 것들의 실상이요 보이지 않는 것들의 증거니 선진들이
이로써 증거를 얻었느니라 믿음으로 모든 세계가 하나님의 말씀으로 지어진
줄을 우리가 아나니 보이는 것은 나타난 것으로 말미암아 된 것이 아니니라
히브리서 11장 1~3절

여호와의 말씀이니라 너희를 향한 나의 생각을 내가 아나니 평안이요
재앙이 아니니라 너희에게 미래와 희망을 주는 것이니라
너희가 내게 부르짖으며 내게 와서 기도하면 내가 너희들의 기도를
들을 것이요, 너희가 온 마음으로 나를 구하면 나를 찾을 것이요
나를 만나리라
예레미야 29장 11~13절

누구든지 하나님을 사랑하노라 하고 그 형제를 미워하면 이는
거짓말하는 자니 보는 바 그 형제를 사랑하지 아니하는 자는 보지 못하는 바
하나님을 사랑할 수 없느니라
요한일서 4장 20절

이단에 왜 빠질까요?

이단에 왜 빠질까요? 하나님에 대해, 성경 말씀을 좀 안다고
하는 사람들이 이단에 빠지곤 합니다. 그들은 이단의 표적입니다.
왜냐하면, 하나님에 대해 전혀 모르는 사람을 전도하려면 시간과
노력이 많이 소요되기 때문입니다. 그러면 어떤 과정들을 통해 이
단에 빠지게 될까요? 아니면 그와 반대로 어떤 과정을 통해 신앙이
더욱더 돈독해질까요?

로마서 10장 17절 "그러므로 믿음은 들음에서 나며 들음은 그
리스도의 말씀으로 말미암았느니라" 말씀처럼 그리스도의 말씀을
듣는 것이 첫째입니다. 바른 지식이 바른 믿음, 바른 기독교 영성의
출발점입니다. 그 이유는 바른 지식이 종교에 대한 바른 신념을 가
져오기 때문입니다. 마찬가지로 잘못된 지식은 기독교의 잘못된 신
념을 가져오게 됩니다. 이처럼 지식이 종교적 신념을 굳건히 해주
기 때문에 이단들은 교육을 굉장히 중요시합니다. 그리고 교육을
통해 자신들이 주장하는 종교적 신념을 완전히 뿌리내리려 합니
다. 그리고 일단 뿌리가 내려지게 되면 그다음부터는 다른 사람들
이 그들의 잘못된 부분을 이야기해도 통하지 않습니다. 그래서 종
교적 신념이 뿌리내리기 전까지 다른 사람들과의 접촉을 못하게
하고 합숙을 통해 집중해서 학습을 시킵니다. 반복되는 학습은 세
뇌를 가져옵니다. 세뇌는 신념을 형성시킵니다. 신념은 굳게 믿는

하나님을 사랑하신다구요? 사랑이 아니라 경외입니다

마음입니다.

　이처럼 지식은 신념, 즉 굳게 믿는 마음을 변화시키고 굳게 믿는 마음은 정신과 의지를 변화시킵니다. 그리고 그 의지는 행동과 연결이 되어 있기 때문에 바른 지식은 바른 신념을 가져오고, 바른 신념은 바른 정신과 바른 의지를 가져오게 되고 바른 의지는 바른 행동을 가져오게 됩니다. 그러므로 그리스도의 말씀을 바르게 듣는 것이 얼마나 중요한 것인지 모릅니다. 하나님의 말씀인 성경에 대한 바른 지식을 끊임없이 공부하심으로 바른 믿음과 바른 신념과 바른 의지와 바른 행동으로 하나님께서 기뻐하시는 하나님의 백성이 되십시오.

그리스도와 연합

여러분은 자신의 믿음이 어떻다고 생각하고 있습니까? 코로나 때문에 교회에 출석하지 못했어도 하나님을 믿는 믿음은 굳건하다고 생각하십니까? 일반적으로 우리는 우리 자신들이 가지고 있는 믿음이 견고하다고 많은 분들이 느끼고 있는 것 같습니다. 그러나 믿음에 대해 우리가 놓치고 있는 것이 있습니다. 믿음이 지식과 연결되어 있다는 사실입니다. 지식은 말씀에 의해 얻어집니다. 골로새 성도들이 하나님의 뜻을 알도록 바울이 중보기도하고 있다고 성경에 말씀하고 있습니다. 골로새서 1장 9절에 "이로써 우리도 듣던 날부터 너희를 위하여 기도하기를 그치지 아니하고 구하노니 너희로 하여금 모든 신령한 지혜와 총명에 하나님의 뜻을 아는 것으로 채우게 하시고"라고 말씀합니다.

예수 그리스도의 뜻을 알게 하는 지식은 오직 성령님께서 주십니다. 연구나 경험으로 지식을 얻게 되는 것이 아닙니다. 왜냐하면, 지식은 하나님의 뜻인데 하나님의 뜻을 알 수 있는 방법은 깨달음이 없이는 알 수 없기 때문입니다. 하나님의 말씀을 올바로 깨닫게 되었을 때 비로소 하나님의 뜻을 알게 되었다고 할 수 있으며, 하나님에 대한 지식이 더하여졌다고 할 수 있습니다.

그러면 하나님의 뜻을 어떻게 깨달을 수 있을까요? 그것은 우

하나님을 사랑하신다구요? 사랑이 아니라 경외입니다

리 안에 임재하신 성령님께서 우리 마음에 들어오셨을 때 비로소 깨달을 수 있습니다. 성령님께서 우리 마음에 들어오시면 성령님께서는 우리 마음을 덮고 있는 수건을 벗기십니다. 고린도후서 3장 14절 "그들의 마음이 완고하여 오늘까지도 구약을 읽을 때에 그 수건이 벗겨지지 아니하고 있으니 그 수건은 그리스도 안에서 없어질 것이라"라고 말씀합니다. 이 말씀처럼 성령님께서 우리 마음에 들어오시면 우리 마음을 덮고 있는 수건이 벗겨지게 되고 비로소 우리는 깨달음을 얻게 됩니다. 그리고 성령님께서 우리 마음에 들어오실 때야 우리가 비로소 예수 그리스도 안에 살게 된다는 사실도 깨달을 수 있습니다.

우리가 예수 그리스도 안에 살게 된다는 것은 고린도후서 4장 6절 말씀처럼 하나님의 뜻을 알게 되고 하나님의 뜻에 따른 삶을 살게 된다는 것을 의미합니다. 예수 그리스도 안에 살지 않으면, 즉 그리스도와의 연합이 없이는 말씀에 깨달음도 없고, 말씀에 따르는 삶도 없다는 사실을 항상 잊어버리면 안 됩니다. 예수 그리스도 안에 살려면, 즉 성령님께서 우리 마음에 들어오시려면 우리는 우리 자신을 버려야 합니다. 나의 이기적이고 세속적인 욕망을 버려야 합니다.

하나님의 창조 이후, 우리 인간들의 범죄로 원죄가 인간의 전 삶에 전적으로 침투했고, 우리는 이기적인 정욕을 쫓아 살게 되고 말았습니다. 그러므로 하나님을 믿는 우리는 죄악된 정욕을 죽이고, 욕구를 버려야 합니다. 탐욕을 없애고 하나님의 뜻을 따라 살겠다는 적극적이고 자발적인 노력을 해야 합니다. 하나님께서는 이러한 노력을 도구로 사용하십니다. 모든 것은 하나님의 은혜이므로 가만히 누워서 입안에 감이 떨어지도록 기다리는 것은 신앙인의 자세가 아닙니다. 바른 그리스도인의 삶이란 죄로 인해 파괴되고 오염된 세상의 악한 영적 세력과 투쟁하며, 하나님의 자녀답게 사는 법을 배워가는 순례의 과정입니다. 그리스도와 연합하는 삶을 통해 하나님의 구원 뜻에 온전히 부응하는 삶이 되십시오.

승리

우리가 승리하는 삶을 살려면 어떻게 해야 할까요? 보통 '승리'라고 하면 전쟁에서의 승리를 연상합니다. 영적 전쟁에서의 승리와 같은 경우입니다. 성경에서는 전쟁의 이야기가 많이 나오고 있습니다. 대표적인 것이 가나안 정복 전쟁입니다. 가나안 땅을 정복하는 전쟁인데 여리고 성 정복과 같은 성경 내용을 읽거나 들으면 신이 납니다. 우리는 가나안 정복 전쟁을 가나안 땅에 사는 종족들을 몰아내고 그 땅을 차지하는 전쟁이라고 생각합니다. 그러나 그것은 일차적으로 드러난 전쟁의 목적입니다. 실제적인 적은 가나안에 살고 있는 종족들이 아닙니다. 진짜 적은 우리 내면에 있는 적입니다. 가나안 정복 전쟁은 이스라엘 백성들에게 진짜 적은 내면에 있다는 사실을 깨닫게 하는 훈련이었습니다. 가나안 정복 전쟁에서 이스라엘 백성들이 하나님 명령에 순종했을 때, 즉 하나님을 온전하게 믿었을 때 승리하였습니다. 그 탄탄하고 난공불락이었던 여리고 성도 정복하였습니다. 그러나 아이성에서는 하나님의 명령을 받지 않고 정탐꾼의 보고에 의존하여 3,000명만을 파견하여 전쟁을 치렀습니다. 그 결과 36명이 목숨을 잃었고 패퇴하였습니다.

승리하는 삶을 살려면 하나님을 온전히 믿어야 합니다. 온전히 믿는 사람은 온전한 믿음의 행동을 합니다. 그런데 하나님을 믿는 것에 대해 이해하기를 입으로 "믿습니다"라고 말하기만 하면 하나님을 믿는 것으로 알고 있는 성도들이 있습니다. 입으로만 "믿습니다"라고만 하면 구원받는 것으로 알고 있는 성도도 있습니다. 진정으로 "믿습니다"라는 고백이 있어야 합니다. 진정한 고백은 마음에서 나옵니다. 하나님을 나의 구주인 것을 진정한 마음으로 믿는 사람의 행동은 분명히 나의 구주인 하나님의 뜻에 합당한 행동을 하는 자일 것입니다. 믿음은 신념이기 때문에 행동으로 나타날 수밖에 없습니다.

하나님을 믿는 우리는 우리가 믿음의 행동을 어떻게 행하고 있는가를 지속적으로 살펴보아야 합니다. 즉 믿음의 정도를 살펴보아야 합니다. 예를 들어 교회 생활을 하면서 상처를 받았을 때 우리는 어떻게 행하였는지를 살펴보는 것입니다. '모든 것을 아시는 하나님께서 나를 위로해주시고 선한 길로 이끌어 주실 것이야'라고 하는 믿음으로 하나님께 신뢰를 보내었는지, 아니면 상처를 준 그 상대방을 향해 나의 자존심 회복을 위하여 강한 어떤 대응을 했는지를 살펴볼 필요가 있습니다. 이처럼 우리가 어떤 선택을 할 때 그 선택이 하나님을 믿는 믿음에서 나온 것인지 아닌지를 우리는 항상 점검해 볼 필요가 있습니다.

다시 한번 말씀드립니다. 중요한 것은 믿음입니다. 우리는 어떤 사람이 믿음이 참 좋다는 식으로 표현을 합니다. 즉 믿음 자체를 크기라든지 깊이라든지 어떤 양을 가지고 표현을 하려고 합니다. 만일 믿음을 크기로 표현을 하려면 어떻게 측정하여 나타낼 수 있을까요?

믿음의 크기를 어떤 공식으로 표현한다면 믿음은 내 안에 내주하고 계신 성령님과의 교통의 주기와 비례한다고 말할 수 있을 것입니다. 믿음이 좋다는 사람은 성령님과 끊임없이 교통하는 사람일 것입니다. 요한복음 14장 23절에 하나님과 예수님께서 우리와 함께 거하신다고 말씀하고 있습니다. 그리고 고린도전서 3장 16절에도 우리 각자는 하나님의 성전이며, 우리 안에 성령님께서 계시다고 말씀하고 있습니다. 이처럼 우리는 삼위일체 하나님을 모시는 성전입니다. 우리 안에 계시는 하나님과 끊임없이 교통하는 사람은 믿음이 좋은 사람이라고 할 수 있습니다. 성령님의 인도하심을 온 마음으로 받는 사람은 그의 생각이 온전히 하나님께로 향해져 있기 때문에 그의 행동도 성별 될 수밖에 없습니다.

갈라디아서 5장 16절에 "성령께서 이끄시는 대로 살아라"라고 말씀하고 있습니다. 로마서 8장 13절에는 "너희가 육신대로 살면 반드시 죽을 것"이라고 말씀하고 있습니다. 그 반대로 "성령으로서 몸의 행실을 죽이면 살 수 있다"라고 말씀하고 있습니다. 그러므로 우리는 끊임없이 성령님의 인도하심을 받아야 합니다. 그래야 믿음을 유지할 수 있고, 육신대로 살지 않게 됩니다. 육신대로 살지 않는, 성별 된 자는 내 안에 하나님께서 계셔서 모든 것을 역사하시기 때문에 항상 승리하는 자가 될 수 있습니다. 끊임없이 성령님의 인도하심을 받으므로 항상 승리하는 삶을 사십시오.

세례

세례를 받은 사람은 구원을 받을까요? 마가복음 16장 16절에 "믿고 세례를 받는 사람은 구원을 얻을 것이요 믿지 않는 사람은 정 죄를 받으리라"라고 말씀하셨습니다. 세례는 구원의 조건이 아닙 니다. 구원의 조건은 오직 믿음입니다. 그리고 그 믿음은 세례란 의 식을 통해서 공증되는 것입니다. 로마서 10장 10절에 "사람이 마음 으로 믿어 의에 이르고 입으로 시인하여 구원에 이르느니라"라고 말씀하셨습니다. 그래서 믿음을 가지고 세례에 임하는 것이 중요합 니다.

그리고 세례를 받고자 하는 마음도 하나님께서 믿음을 주셨기 때문에 가능한 것입니다. 믿음이 없이 세례를 받으면 성령님께서 임하시지 않게 됩니다. 사도행전 8장에 보면 표적과 능력을 행하던 전도자 빌립이 따르던 무리에게 세례를 주었지만, 그들은 예수 그 리스도를 믿은 것이 아니라 전도자 빌립을 믿었기 때문에 세례를 받았지만 성령님께서 임하시지 않으셨다고 기록되어 있습니다. 사 도행전 8장 12절에 "하나님의 나라와 예수의 이름에 관하여 전도 하는 빌립을 그들이 믿었더라"라고 한 것을 보면 주 예수를 믿었다 기보다 그들이 빌립을 더 믿었음을 알 수 있습니다. 그러므로 엄밀 한 의미에서 말하면 그들의 믿음은 바른 믿음이라고 보기가 어렵습 니다. 그래서 베드로와 요한이 안수한 후 비로소 그들은 성령을 받

하나님을 사랑하신다구요? 사랑이 아니라 경외입니다

게 되었습니다. 물론 인수하기 전에 그들의 잘못된 믿음에 대해 설교하고 회개를 하게 했을 것입니다. 이처럼 믿음은 신앙의 삶을 유지하고 발전시키는데 근간이 됩니다.

세례받았을 때를 기억하십니까? 중요한 것은 세례를 받겠다고 결심하는 것이 믿음이고 그 마음을 주신 분은 하나님이십니다. 세례를 받을 때 하나님의 영이 임하게 됩니다. 그래서 우리 각자는 하나님의 전殿이되게 됩니다. 그러나 신앙의 삶이 거듭될수록 믿음이 변질될 수도 있습니다. 그러므로 우리의 믿음에 대해 항상 관찰하는 것이 중요합니다. 관찰하려면 어떤 기준이 있어야 합니다. 그 기준은 하나님만 믿는 것입니다. 목사도 장로도 그 누구도 믿음의 대상이 절대 아닙니다. 그 누구도 아닌 하나님만 믿는 것이 중요합니다. 진정 어린 회개도 또한 믿음으로부터 나오는 것입니다. 사도행전 2장 38절에 "베드로가 이르되 너희가 회개하여 각각 예수 그리스도의 이름으로 세례를 받고 죄 사함을 받으라 그리하면 성령의 선물을 받으리니"라고 말씀하십니다.

회개란 죄로부터 돌이킴입니다. 회개한 후 세례를 받으면 선물로 우리에게 성령님께서 임하시게 됩니다. 바울도 예수를 주라고 고백하며 신앙에 이른 것은 예수님을 만난 후 삼일 뒤 아나니아에 의해 세례 받을 때에야 이루어졌습니다. 이처럼 세례를 통해 하나님의 영을 선물로 받았는데 우리는 왜 죄를 짓게 될까요? 아직도 죄에서 벗어나지 못하고 있지만 확실한 것은 우리 안에 성령님이 임재하고 계신다는 것과 그 성령님께서 우리 영에 거하시고 있다는 사실입니다. 그러므로 우리들의 영은 순결하고 순백합니다. 죄와는 상관이 없는 것입니다. 문제는 하나님의 영이 임재하고 있는 깨끗한 우리들의 영이지만 죄를 짓고 있다는 것입니다. 그 이유는 우리가 우리 안에 내주하고 계시는 성령님에게 완전히 지배당하고 사는 삶을 살지 못하고 있기 때문입니다. 성령님에 의해 완전히 지배당하는 삶이 바로 성령 충만의 삶입니다.

성령 충만을 받는 비결은 우리가 우리들의 지은 바 죄를 진정으로 회개하고 하나님의 말씀에 순종하며, 성령의 인도에 순응하며, 성령의 능력에 힘입어 성화의 신앙생활을 하는 것입니다. 이것이 하나님을 믿는 우리가 마땅히 행할 바입니다. 루터가 유혹을 받게 되었을 때 백묵을 들고 책상 위에 "나는 세례를 받았다"라고 씀으로서 유혹을 물리쳤음을 우리는 항상 기억해야 합니다.

그러므로 세례를 받으신 분들은 세례교인으로서 그 긍지와 자부심을 잃지 말아야 합니다. 예수님께서는 "너희는 가서 모든 민족을 제자로 삼아 아버지와 아들과 성령의 이름으로 세례를 베풀고"라고 말씀하셨습니다. 삶이 이전보다 더욱더 힘이 든다 할지라도 하나님께서 우리를 보호해 주시고 은혜를 베풀어 주심을 잊지 마시고 소망 가운데 하나님의 복음을 널리 전하는 삶을 사십시오.

나그네

　　하나님을 믿으면서 반드시 가져야 할 우리의 신앙적 자세 중 하나는 나그네 정신입니다. 왜냐하면, 이 땅에서 우리의 신분은 나그네이기 때문입니다. 우리의 나그네 신분에 대한 뿌리를 찾아 올라가면 아담과 하와에서부터 찾아볼 수 있습니다. 아담과 하와는 하나님의 명령을 어긴 죄로 살던 곳에서 추방되었습니다. 살던 곳에서 추방되었다는 것은 나그네 신분으로 전락되었다는 뜻입니다. 그리고 그 후손 아브라함도 나그네였습니다. 아브라함은 본토 친척 아비의 집을 떠나 하나님께서 지시하신 가나안 땅에 들어가 장막을 쳤습니다. 하나님께서는 아브라함에게 너뿐만 아니라 너의 자손들까지 나그네의 삶을 면치 못할 것이라고 창세기 15장 13절에 말씀하셨습니다. 그리고 너의 자손은 이방에서 400년 동안 객이 될 것이라고 말씀하셨습니다.

　　그 뒤 이스라엘 민족이 가나안 땅에 정착하였다고 해서 나그네 신분이 종료된 것일까요? 아닙니다. 가나안 땅에 정착해서 살 때도 그들은 여전히 나그네 신분이었습니다. 그들은 그 땅을 소유할 수 있는 권한이 없었기 때문이었습니다. 그 땅의 소유는 하나님입니다. 레위기 25장 23절에 "토지는 다 내 것임이니라 너희는 거류민이요"라고 말씀하셨습니다. 그러므로 이스라엘 백성들은 가나안 땅에 살고는 있지만 확실한 나그네였습니다. 거류민이라는 뜻은 거류지에 사는 외국인을 의미합니다. 그들은 나그네 신분이었습니다.

우리도 또한 나그네입니다. 우리들은 하나님을 주인으로 모시고 있는 종의 신분이기 때문입니다. 종은 재산이 없습니다. 모든 것은 주인이신 하나님의 것이기 때문입니다. 우리는 소유의 개념이 아닌 존재의 개념으로 살아야 합니다. 우리는 하나님 종의 신분으로 소유는 없지만, 그 대신 하나님의 백성이라는 아주 큰 존재감이 있습니다. 그러므로 우리는 존재의 개념으로 살아야 합니다.

그런데 만일 우리가 존재의 개념이 아닌 소유의 개념으로 신앙생활을 하게 된다면, 그 순간 우리는 하나님의 종된 신분에서 일탈하게 됩니다. 종의 신분에서 일탈하게 된다는 의미는 하나님만 의지하는 믿음의 신앙에서 벗어나게 된다는 뜻입니다. 하나님 대신 내가 가진 소유에 의지하는 순간 내가 가진 소유는 하나님을 대신하는 우상이 되어버립니다. 나에게 소유가 있다 하더라도 우리는 나그네 신분이기 때문에 그 소유는 하나님께서 나에게 잠시 관리하라고 맡기신 것에 불과합니다. 우리는 나그네 정신, 즉 무소유 정신과 청지기 정신을 마음속에 기억해야 합니다. 그리고 이것이 신앙의 근간이 되어야 합니다.

그리고 이 땅에서 나그네인 우리는 다른 나그네에게 상처를 주어서는 안 됩니다. 출애굽기 22장 21절에 "너는 이방 나그네를 압제하지 말라"라고 말씀하셨습니다. 나로 인해 상처받은 그 나그네가 하나님을 떠난다면 그 사람에게 상처를 준 죄는 얼마나 크겠습니까? 하나님의 구원 계획과 구원 사역에 방해한 커다란 죄를 지은 것입니다. 그래서 예수님께서는 "네 형제에게 미련한 놈이라 하는 자는 지옥 불에 들어가게 되리라"라고 마태복음 5장 22절에 말씀하고 있는 것입니다. 그렇다고 마음에 상처를 받은 사람의 경우에도 하나님을 떠나면 안 됩니다. 자신을 구원시키시기 위해서 예수님께서 짊어지셨던 십자가 죽음을 헛되게 하는 것이기 때문입니다. 그러므로 하나님을 떠나는 그 사람의 죄 또한 상처를 준 사람의 죄 못지않게 큰 것입니다.

그러면 상처받은 사람은 어떻게 해야 할까요? 상처받은 사람은 하나님을 떠나지 말고 하나님께 울부짖으면 됩니다. 하나님께서는 "그들이 내게 부르짖으면 내가 반드시 그 부르짖음을 들으리라"라고 출애굽기 22장 23절에 말씀하셨습니다. 하갈이 사라의 미움을 받고, 아브라함에게 쫓겨나서 나그네 신세가 되어 통곡하고 있을 때 하나님께서는 하갈에게 나타나셨습니다. 그리고 아들을 주시고 이름까지 이스마엘이라고 지어주시면서 큰 민족을 이룰 것이라는 축복을 해주셨습니다. 그러므로 어려우면 하나님께 부르짖더라도 하나님을 떠나면 안 됩니다. 우리가 나그네의 신분임을 잊지 마시고 오직 하나님만 믿고 나아가는 삶이 되십시오.

하나님에 대한 경외

하나님께서는 아브라함 한 사람을 택하셔서 제사장 나라를 만드시는 계획을 세우셨습니다. 제사장 나라란 하나님을 믿지 않는 나라들과 하나님을 연결하는 역할을 하는 것입니다. 하나님을 믿지 않는 나라들이 하나님 나라에 편입되도록 하는 사명을 받은 것입니다. 제사장 나라의 백성은 거룩한 백성이 되어야 합니다. 거룩한 백성이란 하나님의 뜻만을 따르는 삶을 사는 구별된 백성이라는 의미입니다.

우리가 하나님의 거룩한 백성이 되기 위해서 행해야 할 것은 완전함입니다. 창세기 17장 1절 말씀에 "아브람이 구십구 세 때에 여호와께서 아브람에게 나타나서 그에게 이르시되 나는 전능한 하나님이라 너는 내 앞에서 행하여 완전하라"라고 말씀하셨습니다. 하나님께서는 우리에게 요구하신 것은 완전하라는 것입니다. 여기에서 완전이란 거룩하고 성결하신 하나님께서 우리 안에 거하실 수 있도록 우리가 흠 없는 상태, 즉 성결하고 깨끗한 상태를 유지해야 한다는 뜻입니다. 그러나 우리는 원죄 때문에 완전하지 못하고 성결하지도 못합니다. 그러므로 우리는 자아를 비워야 합니다. 나에게 임재하신 하나님께서 우리 마음에 들어오실 수 있도록 나를 비워야 합니다. 나의 욕심을 내려놓아야 합니다. 나의 인생은 나의 것이 아니라는 명백한 선언을 하나님께 고백해야 합니다. 나의 인생은 하나님께 내어 드려야 합니다.

우리는 모두 제사장이며, 하나님 나라의 거룩한 백성입니다. 그리고 하나님께 순종하는 하나님의 종입니다. 제사장이 어찌 자기의 욕심대로 살 수 있을 것이며, 거룩함을 입은 사람이 어찌 자기 욕심이 조금이라도 있을 수 있겠습니까? 나의 욕심이 조금이라도 들어 있는 한 거룩한 백성이 될 수 없습니다. 이스라엘 백성들은 생후 8일이 되면 할례를 받았습니다. 그러나 할례를 받았다고 해서 흠 없는 상태가 되는 것은 아닙니다. 할례란 나의 마음이 흔들리고 유혹을 받았을 때 나의 몸의 징표를 보고 마음을 가다듬으라는 뜻입니다. 할례를 받았기 때문에 구원을 받을 수 있다고 믿고 거룩한 백성으로서의 행동을 하지 않으니까 성경에는 마음에 할례를 하라고 말씀하고 있는 것입니다. 신명기 10장 16절에 "그러므로 너희는 마음에 할례를 행하고 다시는 목을 곧게 하지 말라"라고 말씀하셨고 신명기 30장 6절에 "네 하나님 여호와께서 네 마음과 네 자손의 마음에 할례를 베푸사 네게 마음을 다하며 뜻을 다하여 네 하나님 여호와를 사랑하게 하사 네게 생명을 얻게 하실 것이며"라고 말씀하셨습니다. 육체에 행한 할례라고 할지라도 실제로는 마음에 하는 것이며, 마음에 할례를 하는 이유는 우리에게 생명을 얻게 하시기 위함이라고 말씀하셨습니다. 생명을 얻는 사람이란 하나님께 마음을 다하며, 뜻을 다하여 하나님을 사랑하는 사람이라고 말씀하셨습니다.

　　하나님을 사랑하는 사람이란 어떠한 사람일까요? 요한일서 5장 3절에 "하나님을 사랑하는 것은 이것이니 우리가 그의 계명들을 지키는 것이라 그의 계명들은 무거운 것이 아니로다 하나님을 사랑하는 것은 하나님께서 주신 계명을 지키는 사람이라"라고 말씀하고 있습니다. 즉 하나님을 진심으로 사랑하는 사람은 하나님을 너무 사랑해서 하나님의 말씀을 순종하고 따르지 않고는 못 배기는 사람입니다. 우리는 하루에도 몇 번씩 "하나님 사랑합니다"라고 고백합니다. 그러나 입술로만 고백하는 것인지 마음에서부터 나오는 고백인지 곰곰이 생각해 봐야 합니다.

하나님과의 사랑은 연인의 사랑이 아닙니다. 하나님과의 사랑은 친구와의 사랑도 아닙니다. 왕이 백성을 사랑하는 것과 백성이 왕을 사랑하는 것은 그 의미가 다릅니다. 백성이 왕을 사랑하게 되면 왕의 명령에 진심으로 따르게 됩니다. 그 마음에는 왕에 대한 존경과 경외심이 포함되어 있기 때문입니다. 그러나 왕이 백성을 사랑하는 것은 부모와 같은 자애로움에서 나오는 사랑이지 경외함에서 나오는 사랑은 아닌 것입니다. 그러므로 우리가 하나님을 사랑하는 것과 하나님께서 우리를 사랑하는 것은 근본적으로 다릅니다. 예수님께서 우리를 친구라고 부르셨다고 우리가 하나님을 친구 사이처럼 생각하는 것은 자칫 신앙의 방향을 잘못 잡을 수 있습니다. 예수님께서는 하나님이시기 때문에 우리를 친구처럼 다정하게 불러주실 수도 있지만 우리는 하나님을 경외하는 마음을 항상 유지해야 합니다. 하나님을 사랑하는 것이란 하나님의 말씀을 마음에서부터 순종하고 따르는 것임을 잊지 말고 항상 하나님을 사랑하는 거룩한 하나님의 백성으로 살아 가십시오.

소망

하나님을 믿는 우리는 하나님을 사랑하고 이웃을 나의 몸과 같이 사랑합니다. 그러나 이웃에 대한 하나님의 사랑을 실천하다가 힘이 들면 '포기할까' 하는 생각이 들 때도 있고, 실망과 낙심이 들 때도 있습니다. 그리고 믿음을 가진 하나님의 백성들이 그리스도의 뜻에 따라 살아가다 보면 고난과 핍박을 만나는 경우도 많이 있습니다. 외부로부터 오는 핍박도 있지만, 교회 내에서의 핍박도 있습니다. 교회 내에서의 핍박을 받으면 보통은 이겨내려고 생각하지 않고 교회를 그만 다니거나 다른 교회로 가는 쉬운 길을 택하곤 합니다. 이러한 경우를 만났을 때 소망의 인내를 훈련시키시는 하나님의 뜻이 혹시 그 안에 있지는 않은지 생각해보아야 합니다.

내 안에 하나님께서 계시기 때문에 내가 핍박을 받는다고 할지라도 하나님께서 나를 지켜주시고 계시기 때문에 우리는 소망을 잃지 말아야 합니다. 억울함을 당해도 '이 억울함이 하나님께서 나를 연단시키시는 것이구나'라고 생각해야 합니다. 그래서 참고 인내해야 합니다. 그러면 연단을 통해 신앙의 체질이 더욱더 강해질 것입니다. 그렇게 함으로써 더욱더 하나님을 신뢰하고 더욱더 하나님과 연합되는 신앙의 기쁨을 누릴 수 있게 될 것입니다. 그 결과 하나님과 영원히 함께 하는 소망 또한 누리게 될 것입니다.

로마서 5장 4절에 "인내는 연단을, 연단은 소망을 이루는 줄 앎이로다"라고 말씀하고 있습니다. 억울함은 하나님께서 풀어주십니다. 그러므로 하나님을 믿고 기다려야 합니다. 자기 자신이 풀려고 하면 더욱더 마음의 상처를 입고 상대방에게도 마음의 상처를 주게 될 것입니다. 그것은 하나님께서 원하시는 바가 아닙니다. 하나님의 뜻이 아닙니다.

헬렌 켈러는 생후 19개월 때 성홍열과 뇌막염 때문에 평생 시각 장애와 청각 장애를 안고 살아갔습니다. 그녀의 소망은 단지 3일만 볼 수 있는 것이었습니다. 우리 각자는 '나는 왜 이리 불행할까? 나는 왜 이리 잘 안 풀릴까?' 하고 생각하면서 살아갑니다. 그럴 때마다 3일간 만 볼 수 있는 것이 평생소원이었던 헬렌 켈러를 생각해보시면 어떨까요?

각피석화증에 걸려 몸이 굳어져 흐르는 눈물도 닦을 수 없는 어떤 분이 있는데, 이분의 경우 겨우 움직일 수 있는 입에 볼펜을 물고 컴퓨터 키보드를 쳐서 시를 씁니다. 그분이 하나님께 드리는 소망의 시 일부분입니다.

아무리 천대받는 일이라고 할지라도 일을 할 수 있기를
점심에 땀 훔치며 퍼져버린 라면 한 끼라도 먹을 수 있기를
타인에게 하잘것없는 이 작은 소망이 내게 욕심이라면,
정말 욕심이라면 하나님 저는 어떻게 살아야 합니까?

그분의 욕심은 욕심이 아니라 간절한 소망입니다. 우리는 우리 안에서 매 순간 일어나는 욕심들이 너무 많습니다. 우리는 우리 내면에 일어나는 욕심을 움직일 수 없도록 묶어 놓고 내 안에 내주하시는 하나님께서 우리 삶에서 역사하시도록 우리 자신을 내어 드려야 합니다. 그래야 하나님의 백성으로 살 수 있습니다. 나 자신은 그저 허상입니다. 실상은 하나님이십니다. 내 안에 계신 하나님께서 나를 통해 나타나시도록 해야 합니다. 성령께서 우리의 연약함을 도와주십니다(로마서 8장 26절). 그 은혜로 우리는 점점 예수님을 닮아갈 수 있습니다. 우리가 살길은 신앙의 겸손함과 소망을 잃지 않는 것입니다. 신앙의 겸손함과 지속적인 산 소망을 가짐으로 하나님께서 주시는 은혜의 기쁨을 누리며 살아가십시오.

인내의 연단

성경에서의 오래 참음이 하나님을 끝까지 변치 않고 따르는 것을 의미한다면, 인내는 나의 욕망을 참고 이겨내는 것을 의미한다고 할 수 있습니다. 그리고 살면서 자신의 욕망을 참고 이겨내는 인내의 과정 자체가 연단이라고 할 수 있습니다. 로마서 5장 4절에 "인내는 연단을"이라고 말씀하고 있습니다. 이러한 연단을 하나님께서는 우리에게 요구하고 있습니다. 연단은 우리에게 소망을 이루게 하기 때문입니다.

로마서 5장 3절에 환난은 인내를 이루게 한다고 말씀하고 있습니다. 환난이라는 글자에서 앞글자인 환은 근심이라는 뜻입니다. 근심은 해결되지 않는 일 때문에 속을 태우는 것을 의미합니다. 해결되지 않는 일에 자신의 욕심이 들어 있다면 그래서 그것이 옳지 않다는 생각이 들면 과감하게 참는 것이 인내입니다. 어떤 것이 옳은 것인지 옳지 않은 것인지는 성경에 나와 있습니다. 그리고 학교에서나 부모님으로부터 도덕, 윤리, 삶의 지혜를 배웁니다. 예를 들면 지나친 욕심은 화를 부른다고 배웁니다. 이것을 마음에 새길 수 있도록 "과욕필망"이라는 사자성어로 만들어 놓았습니다. 또는 "소탐대실"이라는 사자성어를 익히며, 욕심을 자제하면서 살라는 말씀을 우리에게 해주십니다. 그러나 이러한 삶의 지혜는 욕심 그 자체가 잘못된 것이라는 직접적이고 단호한 의미가 그 속에 포함되어

하나님을 사랑하신다구요? 사랑이 아니라 경외입니다

있지는 않습니다. 그러나 성경에는 욕심을 부리는 것 그 자체가 죄라고 단호하게 이야기하고 있습니다. 야고보서 1장 15절에 "욕심이 잉태한즉 죄를 낳고 죄가 장성한즉 사망을 낳느니라"라고 말씀하고 있습니다. 우리는 성경에 쓰여진 하나님의 말씀보다, 욕심은 과하지만 않으면 된다고 하는 우리 선조들이 하신 말씀에 더 따르려고 하는 경향이 있습니다. 욕심이 발동하면 그것이 죄를 낳기 때문에 과감하게 멈추는 것이 바로 하나님께서 우리에게 요구하시는 인내입니다. 삶을 살아가면서 우리가 행하는 이러한 인내들은 우리를 단련시킵니다. 즉 연단을 시킵니다.

우리가 인내해야 할 것 중 또 다른 하나가 노여움입니다. 살면서 노여움이 마음속에 생길 때는 반드시 나중에 닥칠 환란을 생각하면서 참아야 합니다. 참으면 당장은 자존심이 상하는 것 같지만 그것이 현명한 방법입니다. 성경에는 "급한 마음으로 노를 발하지 말라 노는 우매한 자들의 품에 머무름이니라"라고 전도서 7장 9절에 말씀하고 있습니다. 그리고 "사람이 성내는 것이 하나님의 의를 이루지 못한다"라고 야고보서 1장 20절에 말씀하고 있습니다. 살면서 인내해야 하는 또 다른 것은 하고 싶은 말을 참는 것입니다. 야고보서 1장 19절에 "듣기는 속히 하고 말하기는 더디 하라"라고 말씀하고 있습니다. 중국 주나라의 역대 왕들의 무덤이 있는 태모에 동상이 하나 서 있었는데 그 동상의 입은 세 겹으로 봉해져 있었다고 합니다. 그 동상을 찾은 왕이나 신하들은 어떠한 마음이 들었을까요? 어떠한 책보다도 더 강렬하게 삶의 지침을 전달했을 것입니다. 성경 말씀에도 "혀를 쓰기 좋아하는 자는 혀의 열매를 먹으리라"라고 잠언 18장 21절에 말씀하고 있습니다.

그러므로 자신을 비방하는 사람을 미워하기 전에 자신의 행동에 어떤 과실이나 부족한 점이 없는지 살펴보아야 합니다. 아무런 이유 없이 나쁜 뜻을 가진 공격에 대해서는 하나님께 맡기고 응대하지 말아야 합니다. 그러나 누군가 나 자신이 가진 문제점에 대하여 비판을 하고 개선을 요구한다면 그 비판 가운데 취할 것은 취해야 합니다. 하나님께서 그 사람을 통해 나에게 말씀하시는 것일 수도 있기 때문입니다. 사무엘하 16장 7~8절에 아들인 압살롬의 반란으로 쫓겨 가던 다윗 왕을 향해 시므이는 저주의 말을 쏟아냅니다. 그러나 다윗은 어떠한 저지나 보복을 하지 않았습니다. 그는 비록 피신하는 처지였지만 그를 죽일 만한 충분한 군사가 있었고, 그를 죽이자는 참모들의 건의도 있었지만, 그는 시므이에게 어떠한 제지도 가하지 않았습니다. 그 이유는 시므이가 자신을 저주하는 것이 여호와께서 다윗을 저주하라 시켰기 때문에 저주하는 것이므로 그의 비방에 대해 참았던 것입니다. 이것이 하나님에 대한 다윗의 신뢰였고, 믿음이었습니다. 쫓기는 상황에서도 하나님께서 나를 보호하시고 나의 영적 성장을 위해 이 상황을 이용하신다는 무한 신뢰를 다윗은 보여주었습니다. 믿음은 하나님에 대한 무한한 신뢰입니다. 하나님에 대한 진정한 믿음을 쌓아가십시오!

산 소망

사도 바울이 골로새서를 기록한 목적 중 하나는 이 지역에서 발생한 이단 때문이었습니다. 그 결과 예수 그리스도보다는 구약성경의 율법과 각종 의식을 오히려 강조하였고, 하나님의 대리인으로 천사를 숭배하였습니다. 그래서 사도 바울은 골로새 교회를 향하여 "너희의 믿음과 모든 성도에 대한 사랑은 너희를 위해 하늘에 쌓아 둔 소망, 즉 너희가 전에 복음 진리의 말씀을 들은 것 때문이라"이라고 골로새서 1장 4절과 5절에 말씀하고 있습니다. 우리가 믿음을 갖게 된 것과 성도들에 대한 사랑이 생기는 이유가 예수 그리스도의 복음 진리의 말씀을 들었기 때문이라고 성경은 기록하고 있습니다. 복음 진리의 말씀을 듣게 된 것이 우리의 노력 때문이 아니고 하나님께서 우리를 위해 하늘에 쌓아 두신 소망이라고 말씀하고 있습니다.

이처럼 예수 그리스도의 복음 진리의 말씀을 들음에 따라 우리의 믿음이 생기고 우리의 믿음이 성장하는 가운데 성도들과 이웃에 대해 내 몸과 같이 사랑할 수 있는 진실한 사랑이 생기게 됩니다. 성경의 말씀처럼 소망은 바로 하늘에 쌓아 둔 우리의 구원이고, 이 구원은 복음 진리의 말씀을 들음에서 시작되기 때문에 믿음, 소망, 사랑 중에 소망이 믿음과 사랑을 일으키는 근원이 된다고 골로새서를 통해 말씀하고 있습니다.

그런데 고린도전서 13장 13절에서는 믿음, 소망 사랑 중 제일 은 사랑이라고 말씀하고 있습니다. 사랑이 제일이라고 하신 이유가 고린도 교회 내부에 문제가 있었기 때문입니다. 그 당시 고린도 교 회는 분쟁, 음행, 소송, 우상 제물 등 많은 문제를 안고 있었습니다. 사도 바울은 교회 내에서는 발생하고 있는 이러한 문제들을 근본적 으로 해결하기 위해서는 자신의 주장을 내세우지 말고 모든 것들 을 사랑으로 끌어안음으로 해결해야 한다고 생각하고 이를 권면할 필요가 있었습니다. 그래서 믿음, 소망, 사랑 이 세 가지는 항상 있 어야 하는데 "그중에 제일은 사랑이라"고 고린도전서 13장 13절에 말씀하고 있는 것입니다.

갈라디아서에서는 믿음, 소망, 사랑 중에 믿음을 강조하고 있 습니다. 갈라디아서 5장 5~6절을 보시면 "우리가 성령으로 믿음 을 따라 의의 소망을 기다리노니 그리스도 예수 안에서는 할례나 무할례나 효력이 없으되 사랑으로써 역사하는 믿음뿐이니라"라고 말씀하고 있습니다. 이처럼 믿음, 소망, 사랑 가운데 믿음을 강조한 이유는 바울이 갈라디아 지방에 복음을 전하고 떠나온 후에 복음을 받은 유대 율법자들이 갈라디아 신자들에게 말하기를 예수님을 믿 어도 율법을 지키고 할례를 받아야 구원을 받는다고 하였기 때문입 니다. 오직 예수 그리스도를 믿는 믿음만이 구원으로 인도한다는 진리의 말씀을 율법주의자들이 변질시켰던 것입니다.

그래서 오직 "믿음"만이 구원을 얻는 유일한 길임을 다시 한 번 선언하기 위하여 당시 사람들이 필요 없이 관심을 가졌던 할례

하나님을 사랑하신다구요? 사랑이 아니라 경외입니다

와 무할례 모두가 아무것도 아니라고 부정하였던 것입니다. 이처럼 골로새서에는 소망이 강조되고 있고, 고린도전서에서는 사랑을 강조하고 있으며, 갈라디아서에서는 믿음을 강조하고 있습니다. 그러나 우리는 믿음, 소망, 사랑 중에서 제일은 사랑이라고 알고 있는 경우가 많습니다. 믿음, 소망 사랑은 다 중요합니다. 다만, 교회의 상황에 따라 부족한 부분이 강조되고 있을 뿐입니다.

그러므로 우리 교회 공동체의 상황 중 부족한 부분이나 개인의 신앙에서 부족한 부분을 보완할 필요가 있습니다. 특히 새해가 시작되면 많은 분들이 소망을 이야기합니다. 그런데 우리가 바라는 소망은 세상적인 바램을 이루기 위한 소망이 대부분인 경우가 많습니다. 믿는 자들의 소망은 우리 자신의 소망이 아닌 하나님의 소망이어야 합니다. 즉 골로새서 1장 5절의 말씀처럼 우리를 위해 하나님께서 하늘에 쌓아 둔 소망이 진정한 소망이며 산 소망이기 때문에 우리의 소망은 이에 부합되어야 합니다. 이에 부합되는 소망으로 사도 바울의 소망이 있습니다. 사도 바울은 그 소망 때문에 복음의 일꾼이 되었다고 이야기하고 있습니다. 골로새서 1장 23절에 "만일 너희가 믿음에 거하고 터 위에 굳게 서서 너희들은 들은 바 복음의 소망에서 흔들리지 아니하면 그리하리라 이 복음은 천하 만민에게 전파된 바요 나 바울은 이 복음의 일꾼이 되었노라"라고 말씀합니다.

우리들의 소망은 하나님의 소망과 연결되어야 하고 그 소망은 우리의 사명인 복음 전파여야 합니다. 그리고 복음을 전파할 때에는 말로만 전할 것이 아니라 사랑의 실천을 통해 행하므로 나타나야 합니다. 우리의 소망은 예수 그리스도의 진리 말씀을 따뜻한 사랑에 담아 이웃에게 전함으로 하나님께 영광을 올려드려야 합니다.

제5부

. . . .

하나님의 나팔수

그러나 칼이 임함을 파수꾼이 보고도 나팔을 불지 아니하여
백성에게 경고하지 아니하므로
그 중의 한 사람이 그 임하는 칼에 제거 당하면
그는 자기 죄악으로 말미암아 제거되려니와
그 죄는 내가 파수꾼의 손에서 찾으리라
에스겔 33장 6절

구원

　　2019년도에 기독교인들 대상으로 기독교 인식조사가 발표된 적이 있습니다. "다른 종교에도 구원이 있다"라고 인식하는 기독교인들의 비율은 33.1%로 나타났습니다. 3명 중 1명은 다른 종교에도 구원이 있다는 다원주의를 인정하고 있는 것으로 나타났습니다. 그리고 "개신교에만 구원이 있다"라고 응답한 비율은 49.1%입니다. 약 50%만 "개신교에만 구원이 있다"라고 응답하였고, 가톨릭을 비롯한 다른 종교에도 구원이 있다고 응답한 비율 또한 약 50% 정도 됩니다. 그리고 '성경 말씀에 오류가 없다'라고 생각하는 기독교인들은 약 60%밖에 안 됩니다. 또한 '성경의 문구 그대로 따라야 한다'라고 생각하는 기독교인의 비율은 55%입니다.

　　2015년 갤럽조사입니다. '비종교인이라도 선하다면 구원받을 수 있다'라고 인식하는 국민의 비율은 67%입니다. 이중 비종교인의 비율은 76%, 불교인은 75%, 천주교인은 67%, 기독교인들은 36%로 조사되었습니다. 한국인의 67%가 종교적 신앙에 상관없이 선하게 살면 극락이나 천국에 갈 수 있다고 믿는다는 의미입니다. 선하게 살면 되므로 굳이 기독교인들이 전도하여도 교회에 나갈 필요성을 못 느끼는 것입니다. 그래서 믿지 않는 분들을 전도하기가 매우 어렵습니다. 그리고 하나님을 믿지 않는 종교에서도 구원이 있다는 주장들이 계속 확산되어 가고 있습니다. 이러한 주장은 모든 시대와 모든 인간에게 있어서 하나님께서는 보편적인 구원의 의지를 가지고 있다는 것에서 시작합니다.

디모데전서 2장 4절에 "하나님은 모든 사람이 구원을 받으며 진리를 아는 데에 이르기를 원하시느니라"라고 말씀하셨습니다. 하나님께서 모든 사람을 구원하시기 위해서 예수 그리스도께서 비그리스도인들 안에서도 당신의 성령을 통해 현존하고 활동하신다고 주장합니다. 이러한 주장은 칼 라너라는 신부의 논문에서 그 이론이 나온 것입니다. 한낱 인간의 신학적 주장이 마치 진리인 것처럼 변질된 것입니다. 인간의 목소리가 신의 메시지로 둔갑한 것입니다. 그리고 현재 그 메시지가 세계 종교에 큰 영향력을 미치고 있습니다.

성경만이 진리입니다. 하나님의 말씀인 성경 그 이외에는 그 어떠한 것도 진리일 수 없습니다. 하나님께서는 사랑이시므로 누구나 구원받기를 원하시지만 모든 사람이 구원받는 것은 아닙니다. 마태복음 11장 28절에 "수고하고 무거운 짐 진 자들아 다 내게로 오라 내가 너희를 쉬게 하리라"라고 말씀하셨습니다. 예수님께로 가야 합니다. 그렇다고 예수님께서 부르시니 가는 것이 나의 공로는 아닙니다.

1970년대, 80년대 교회 부흥 시기에 이 땅에서 마음으로 힘든 자, 경제적으로 힘든 자, 마음 둘 곳 없는 자들은 의지할 자를 찾아서 교회로 많이 왔습니다. 가난한 자가 전부 교회로 가지는 않지만, 하나님께서 필요하시면 그들에게 가난한 환경을 만들어 주실 수도 있고, 고난을 당하도록 하실 수도 있으십니다. 왜냐하면, 하나님의 백성이 구원을 받는 것이 하나님의 계획이기 때문입니다. 코로나를 주신 것도 회개의 기도를 하라는, 하나님을 바라보라는 하나님의 메시지일 수 있습니다. 그러므로 하나님의 메시지를 깨닫는다고 해서 그것이 나의 공로가 아닌 것입니다. 내가 하나님만을 바라본다고 해서 그것이 나의 공로가 아닌 것입니다. 내가 하나님의 뜻을 실천한다고 해서 그것이 나의 공로가 아닌 것입니다. 하나님의 은혜가 아니면 우리는 하나님을 받아들이지 못했을 것입니다. 기도조차도 못했을 것입니다. 모든 것이 하나님의 은혜입니다.

마태복음 7장 21절에 "나더러 주여 주여 하는 자마다 천국에 다 들어갈 것이 아니요 다만 하늘에 계신 내 아버지의 뜻대로 행하는 자라야 들어가리라"라고 말씀하셨습니다. 마태복음 5장 20절에 "내가 너희에게 이르노니 너희 의가 서기관과 바리새인보다 더 낫지 못하면 결코 천국에 들어가지 못하리라"라고 말씀하셨습니다. 이렇듯 우리가 하나님의 은혜로 하나님을 만났지만, 우리의 믿음이 성장하지 않으면 구원을 받을 수 없습니다. 현재 이 세상은 아담의 죄 이후로 죄가 우리 안에 들어와 있고, 죄악이 이 세상을 지배하고 있습니다. 이러한 상황에서 우리는 구원받을 수 있는 길인 예수님을 만났고, 하나님과 성령님을 만났습니다. 그리고 하나님의 뜻이 적혀 있는 성경 말씀을 읽고 듣고 묵상하고 있습니다. 구원은 하나님께서 가르쳐 주신 길 외에는 없습니다. 하나님 말씀 만이 진리임을 고백하고 이를 나의 마음 판에 새기고 실천해야 합니다. 다시 한번 신앙의 자세를 바로잡고 하나님만을 향해 달려감으로써 구원의 은혜를 누리는 삶을 살아가십시오.

선민의식

유대민족은 하나님으로부터 제사장 나라로 선택받은 민족이었습니다. 그러나 성경에는 선택받은 민족이 선택받지 못한 민족과 비교해서 하나님으로부터 받을 수 있는 선물이 무엇인가에 관해 이야기하는 것보다 선택받은 민족이 무엇을 해야 할 것인가에 대해 주로 말씀하고 있습니다. 예를 들어 "마음을 다하고 뜻을 다하고 힘을 다하여 네 하나님 여호와를 사랑하라"라고 신명기 6장 5절에 말씀하고 있습니다. 하나님께서 선택받은 이스라엘 민족에게 요구하시는 것은 다른 민족과 비교하여 상대적으로 의로워야 한다는 것이 아니라 절대적으로 의로워야 한다는 것입니다.

절대적인 의로움이란 하나님에 대한 완전한 순종입니다. 그러나 하나님으로부터 선택받은 자들의 특징 중의 하나는 하나님을 우리만의 하나님으로 한정시키려는 경향이 있다는 것입니다. 하나님께서는 우주 만물을 다스리시는 분이시기에 선택받은 민족에게만 관심이 있으신 분이 아니십니다. 하나님께서 이스라엘에게 가나안 땅을 주셨던 것처럼, 다른 민족들에게도 고유의 영토를 허락하셨습니다. 아브라함의 조카인 롯의 후손인 모압과 암몬에게는 요단강 동쪽 지역을 주셨습니다. 그리고 이삭의 장남이면서 야곱의 형인 에서의 후손 에돔인들에게는 세일산을 주셨습니다. 이사야서 19장 25절에서 하나님께서는 이집트를 "내 백성"이라 부르셨고 축복을 하셨다고 기록되어 있습니다.

이처럼 하나님께서는 이스라엘만의 하나님이 아니시라는 사실을 우리는 잊어버리면 안 됩니다. 우주 만물을 창조하셨고, 우주 만물을 다스리시는 하나님이시기에 우리만의 하나님이 아니라는 사실을 우리는 절대 잊어버리면 안 됩니다. 우리만의 하나님이라고 인식하는 순간 우리는 영적 교만과 함께 왜곡된 선민의식이 우리를 하나님이 원하시지 않는 방향으로 이끌 것입니다. 선민이라는 직책은 권력과 재물을 얻을 수 있는 특별한 권리가 아니라 다른 민족의 구원을 위해 쓰임을 받는 자리임을 이스라엘은 잘 파악하지 못했습니다. 현재를 살아가는 우리도 이러한 사실에 대해 애써 외면한 채 선민이라는 영적 교만에 빠져 신앙생활을 하고 있습니다. 그 이유는 하나님께서 왜 우리를 선택하셨는지에 대한 올바른 인식을 하지 못했기 때문입니다. 하나님께서 이스라엘을 선택하신 것은, 다른 민족에게 무심하셨기 때문이 아니라 다른 백성들도 사랑하시기 때문입니다. 다른 백성들도 사랑하셔서 그들도 사망으로부터 구원의 축복을 얻게 하시기 위해 아브라함 한 사람을 택하시고 이스라엘 민족을 만드셨습니다. 그리고 예수님께서는 '아브라함이 우리 조상'이라면서 타민족을 멸시하고, 왜곡된 선민의식에 사로잡혀 있는 유대인들을 향해 하나님은 돌로도 아브라함의 자손을 만들 수 있다고 하시면서 이스라엘 선민의식이 왜곡되어 있음을 경고하셨습니다.

선민은 특권을 누리는 자리가 아닙니다. 먼저 하나님을 알게 된 자로서 하나님의 뜻을 알리는 자가 되어야 합니다. 그리고 하나님을 전하는 자인 만큼 본을 보여야 합니다. 심지어 전하는 자가 듣는 자보다 더 못한 행동을 하면 자기 자신은 물론 하나님까지도 욕되게 하는 것입니다. 하나님께 영광을 돌리지 못하더라도 하나님을 욕되게 하면 되겠습니까? 삶을 사는 동안 지속해서 하나님을 욕되게 한다면 그 쌓인 죄는 얼마나 클 것인지 우리는 생각해보아야 합니다. 선민은 하나님께 죽도록 충성하는 자입니다. 특히 교회 내에서 직분을 맡고 있다면 그 직분에 맞게 하나님 일을 하고 있는지, 아니면 그 직분이 마치 사회의 신분인 양 우쭐대고 있는지 자문해 봐야 합니다.

사람들을 의식하지 마십시오. 하나님만 의식하며 신앙생활을 하십시오. 왕 같은 제사장인 우리는 모두 믿지 않는 사람들에게는 제사장 역할을 해야 하며, 하나님에게는 하나님 말씀을 지키고 순종해야 할 의무가 있습니다. 믿지 않는 사람들에게 "우리는 너희와는 달라. 하나님께서 우리를 선택하셨어"라고 하면서 우월감에 사로잡힌 삶을 살면 안 됩니다. 하나님만을 높여드리는 삶을 살아야 합니다. 이웃을 섬기는 삶을 살아야 합니다. 하나님께 영광과 존귀를 드림으로써 온전한 하나님의 백성으로서의 삶을 사십시오.

진리

사람들은 인생을 보다 가치 있게 살고 싶어 합니다. 그러나 그 가치를 찾는 것에 혼란을 겪고 있습니다. 그 대표적인 예가 예전에는 목숨을 걸고 명예를 지키려고 하였지만, 이제는 인생을 저당 잡혀서라도 돈을 추구하는 세상이 되어가고 있는 사실입니다. 특히 인생이 구만리 같은 젊은 세대들이 부를 획득하기 위해 자신의 인생을 거는 투기에 뛰어들고 있습니다. 이러한 혼란의 시기에 사는 우리는 종교의 여부를 떠나 자신의 인생을 밝혀 줄 진리를 찾고 싶어 합니다.

성경에서 예수님께 진리가 무엇인지 직접 물어본 유일한 사람이 있습니다. 빌라도입니다. 요한복음 18장 38절에 빌라도가 예수님께 진리가 무엇인지를 물었다고 기록되어 있습니다. 그러나 빌라도는 이렇게 귀중한 질문을 예수님께 물어만 보고 대답은 듣지 않고 유대인들에게 가버렸습니다. 들을 마음이 없었던 것입니다. 빌라도는 유대인들의 소동에 대해 소란 없이 마무리하고 싶어 했습니다. 왜냐하면, 향후 더 높은 지위를 얻고자 하는 세속적인 욕심이 가득했기 때문입니다. 그래서 예수님의 해답에 대해서는 별 관심이 없었습니다. 탐심이 가득한 마음에 어떻게 하나님의 진리가 들어올수 있었겠습니까?

진리가 무엇인지에 대한 예수님의 해답은 요한복음 17장 17절에 나타나 있습니다. 예수님께서는 "하나님 아버지의 말씀이 진리"라고 하셨습니다. 이렇게 진리는 성부 하나님으로부터 왔고 그 진리의 말씀은 예수님을 통해 우리에게 전해졌습니다. 요한복음 8장 40절에 예수님께서 말씀하신 것은 모두 다 성부 하나님에게서 들은 것이라고 예수님께서 말씀하셨습니다.

그러면 성령님께서는 이 진리에 대해 무엇이라고 하셨을까요? 요한복음 16장 13절에 "진리의 성령이 오시면 그가 너희를 모든 진리 가운데로 인도하시리니 그가 자의로 말하지 않고 오직 듣는 것을 말하신다"라고 말씀하셨습니다. 즉, 성령님께서도 예수님처럼 자의로 말하지 않고 오직 듣는 것을 우리에게 말한다고 말씀하고 있습니다. 이처럼 예수님이나 성령님께서는 말씀을 전할 때 성부 하나님으로부터 들은 것만을 우리에게 전하십니다.

예수님과 성령님께서도 자신의 말을 전하지 않는데, 하물며 인간인 우리가 자기의 말을 전한다거나, 진리를 각색하거나, 왜곡해서 전한다면 그 죄는 상상조차도 할 수 없을 정도로 클 것입니다. 그러므로 복음을 전할 때 우리의 마음가짐은 예수님처럼 그리고 성령님처럼 오로지 진리이신 하나님의 말씀만을 전해야 합니다. 역사를 보면 사회가 어지러울수록 진리들이 마구 난무하면서 믿는 사람들을 현혹시킵니다. 이 세상에서 진리는 하나님 말씀밖에는 없습니다. 그러므로 진리는 하나님의 말씀 이외는 없다는 생각을 잊어버리면 안 될 것입니다. 요한복음 14장 6절에 예수님께서는 "나는 길이요 진리이요 생명이라"라고 말씀하셨습니다. 요한복음 1장 17절에도 "은혜와 진리는 예수 그리스도로 말미암아 온 것"이라고 말씀하셨습니다. 이처럼 진리는 하나님 차원이지 우리 인간 차원, 인간 학문에서 다룰 수 있는 단어가 아닙니다.

그리고 진리는 세상의 법칙이 아니라 초자연적인 법칙이기 때문에 성령님의 도움 없이는 이해하기 어렵습니다. 그러므로 성령님에게 전적으로 의지해야 합니다. 우리 안에 임재하신 성령님께서 우리 마음에 임하시면 우리는 성령님의 인도하심을 받게 됩니다. 성령님의 인도하심을 받는 우리는 자동적으로 진리를 행하게 됩니다. 진리이신 예수님께서도 이 땅에 오셔서 진리의 말씀을 전하셨고, 진리를 행동으로 우리에게 보여주셨습니다. 그리고 우리들의 죄 때문에 십자가까지 지셨습니다. 이처럼 이 땅에 오신 예수님께서는 아버지의 말씀을 그대로 드러내셨습니다. 우리도 진리의 하나님 말씀을 이 땅에 그대로 드러내야 할 것입니다. 진리에 목말라하며, 진리를 찾는 이 땅의 사람들에게 하나님의 진리를 전하고 진리를 실천하는 삶을 사십시오.

어린아이와 작은 자

　크리스마스는 하나님의 아들이신 예수님께서 이 땅에서 탄생하신 날입니다. 예수님께서 이 땅에 오신 이유는 "잃어버린 자를 찾아 구원하려 함이니라"라고 누가복음 19장 10절에 기록되어 있습니다. 그리고 구원받기 위해서, 천국에 들어가기 위해서 우리가 해야 할 것에 대해 많은 말씀을 주셨습니다. 그중에 "어린아이들과 같이 되지 아니하면 결단코 천국에 들어가지 못하리라"라고 말씀하셨고 이에 대해 마태복음 18장 3절에 기록되어 있습니다. 어린아이는 자신을 낮추는 사람이라고 말씀하셨습니다.

　어린아이는 그 당시 사회구조 상 낮아질 수밖에 없는 사회적 지위였습니다. 그 외에 과부와 나그네들도 그러했습니다. 그러나 그들이 자신의 처지를 불평하며 산다면 어린아이와 같이 낮추는 사람이 될 수 없을 것입니다. 어린아이가 오직 부모에게만 의존하는 것처럼, 천국 백성이 되기 위해서는 하나님만 의존하는 자가 되어야 합니다. 그리고 예수님께서는 "누구든지 내 이름으로 이런 어린아이 하나를 영접하면 곧 나를 영접함이니"라고 마태복음 18장 5절에 말씀하셨습니다. 어린아이들은 자신의 의지와는 상관없이 그 당시에는 멸시를 받는 부류였습니다. 이처럼 사회적으로 멸시받고 있는 자들을 예수님의 이름으로 영접하는 자는 예수님을 영접하는 것과 같다고 말씀하십니다. 그리고 그들은 멸시의 대상이 아니라고 말씀하셨습니다. 업신여기면 안 된다고 말씀하셨습니다. 마태복음 18장 10절에 "이 작은 자 중의 하나도 업신여기지 말라 너희에게 말하노니 그들의 천사들이 하늘에서 하늘에 계신 내 아버지의 얼굴을 항상 뵈옵느니라"라고 말씀하셨습니다. 업신여기면 안 되는 이유가 이 작은 자들의 천사들이 바로 하나님의 명령으로 작은 자를 보호하고 있기 때문입니다. 그래서 그 작은 자들을 업신여기고 멸시한다면 하나님을 업신여기고 멸시하는 것과 다름이 없게 됩니다.

교회 내에서 큰 자와 작은 자들의 구분은 없습니다. 누구든지 작은 자가 될 수 있습니다. 초신자뿐만 아니라 교회에서 상처받은 자들도 작은 자가 될 수 있습니다. 그러므로 초신자나 영적으로 상처 입은 자들을 보호하고 양육할 필요가 있습니다. 왜냐하면, 마태복음 18장 14절에 "이와 같이 이 작은 자 중의 하나라도 잃는 것은 하늘에 계신 너희 아버지의 뜻이 아니니라"라고 말씀하셨기 때문입니다. 만일 우리가 제 역할을 하지 못하면 하나님께서 직접 작은 자들을 돌보실 것입니다. 그들을 구원하시기 위해서 직접 나서시기 때문입니다. 에스겔 34장 15절에 "내가 친히 내 양의 목자가 되어 그것들을 누워 있게 할지라 주 여호와의 말씀이니라"라고 말씀하셨습니다. 우리는 우리 형제들에게 한없는 관심과 사랑을 베풀어야 합니다.

그리고 옛날이나 지금이나 우리는 사회적인 지위에 관심이 많은 것 같습니다. 예수님의 제자들도 예수님께 천국에서는 누가 큰

자인지 묻는 장면이 마태복음 18장 1절에 나옵니다. 교만은 패망의 선봉이듯이 교만해져서 큰 자가 되면 천국으로 들어가는 작은 문에 몸집이 너무 커서 들어갈 수가 없게 됩니다. 낮은 자, 겸손한 자, 섬기는 자가 되지 않으면 그래서 어린아이와 같이 되지 않으면 어린아이 정도의 작은 자들만이 들어갈 수 있는 천국 문에 들어갈 수 없게 됩니다.

그리고 우리는 모두 나그네입니다. 하란을 떠난 아브라함이 나그네였고, 형들에 의해 애굽으로 팔려간 요셉도 나그네였습니다. 이처럼 우리는 모두 우리의 고향을 떠난 나그네입니다. 우리들의 본향은 하늘나라에 있기 때문에 이 땅에서는 나그네로서 내가 소유한 짐을 가볍게 가질 필요가 있습니다. 나그네가 소유한 짐의 크기를 짐작할 수 있습니다. 우리는 그 정도의 짐만 소유하면 됩니다. 소유의 욕심에 에너지를 쏟는 대신, 하나님의 백성으로서 맡겨진 본분에 우리 삶의 에너지를 쏟으면 됩니다. 힘든 우리 이웃들에게 하나님의 사랑의 에너지를 공급함으로써 작은 자들을 더욱더 내 몸과 같이 보살펴주는 하나님의 마음이 가득한 온기 있는 삶이 되십시오.

영적 전쟁

하나님께서는 우주 만물을 창조하시고 다스리시는 권능자이십니다. 그러나 모든 것을 마음대로 하시는 분이 아니십니다. 하나님의 백성들을 죄 없는 의인으로 만들 수 있으신 분이시지만 독생자이신 예수 그리스도를 이 땅에 보내시고 십자가의 죽음으로 대속을 치르게 하시고 그 값으로 우리를 죄 없는 의인이 되게 하셨습니다. 그래서 우리에게 구원의 길을 열어주셨습니다. 그러나 그만큼의 대가를 치루셨습니다.

구약 시대에 하나님께서 이스라엘 백성들에게 가나안 땅을 그냥 주실 수도 있으셨지만, 전쟁을 통해 그 땅을 획득하도록 하셨습니다. 이스라엘 백성들을 하나님의 백성으로 만드시는 훈련 과정이 필요하셨기 때문이라고 할 수 있습니다. 물론 훈련 대장은 하나님이신 것입니다. 이러한 사실은 민수기 21장 14절에 "여호와의 전쟁기"라는 기록물이 있었다고 전해져서 전쟁을 총지휘하신 분이 바로 여호와 하나님이라는 사실을 우리는 알 수 있습니다. 이처럼 여호와의 전쟁을 통해 이스라엘 백성들이 여호와 하나님을 알아갈 수 있도록 배려하셨습니다. 즉 전쟁을 주관하시는 분이 바로 여호와라는 사실을 체험적으로 알게 해주셨습니다. 여호와 하나님을 믿으면 승리하고 믿지 않으면 패배한다는 아주 단순한 진리를 체험적으로 알게 해 주셨습니다. 이러한 사실을 이스라엘 백성뿐만 아니라 후대의 모든 사람이 알 수 있도록 하나님께서는 배려해 주셨습니다.

이처럼 성경의 전체 이야기는 어찌 보면 전쟁 이야기입니다. 전쟁 중에서도 실제적인 전쟁 이야기도 있지만, 전체적으로는 눈에 잘 드러나지 않는 영적 전쟁을 배경으로 하고 있습니다. 뱀의 유혹을 받는 창세기 3장에서부터 악의 왕국이 종말로 끝나는 요한계시록 20장에 이르기까지, 성경은 영적 전쟁을 배경으로 이루어져 있습니다. 지금 이 시각에도 영적 전쟁이 진행되고 있습니다. 서구 유럽의 많은 교회가 없어지고 있는 현실은 이를 잘 증명해주고 있습니다.

영국교회의 쇠퇴 원인이라는 기사를 살펴보면 다음과 같습니다. '사람들은 예배를 등한시하며 젊은 세대들은 거의 교회에 관심이 없고 예배 참석자 대부분은 노인들이 많다. 이처럼 교회는 쇠퇴하여 많은 사람이 명목상의 그리스도인일 뿐 많은 수가 교회 출석을 하지 않고 있다. 주일학교에 나오는 수도 감소하고 있다. 다음 세대 준비에 속수무책이다. 또한, 목회자 수, 선교사 수도 점점 감소하고 있다. 그리고 신학교들이 문을 계속 닫고 있다. 교회 건물은 점점 팔려나가 상가로, 술집으로, 공연장으로, 사찰로 변해버렸다. 더욱 심각한 것은 기독교가 쇠퇴하고 이슬람이 급속도로 성장해 가고 있다는 점이다'라고 기술하고 있습니다.

그 이유로서 '첫째, 인간 이성의 산물인 과학의 권위가 성경의 권위를 앞질렀기 때문이다. 둘째, 이성에 대한 과신으로 하나님의 말씀인 성경이 우위에 있지 않고 인간 이성의 소산이라고 할 수 있는 철학이 성경 우위에 있게 되었다. 셋째, 영국교회는 점점 전도 설교, 복음 설교는 없어지고 도덕적인 면만 설교에서 강조되고 있다. 설교에서 진리의 선포 대신 정치, 사회, 도덕에 대한 설교가 너무 많이 차지하고 있다. 잃어버렸던 교리를 다시 회복해야 한다. 종교개혁자들이 잃어버린 칭의의 교리를 다시 되찾았던 것처럼 오늘날 교회가 다시 성경의 주요 교리와 개혁주의 신학을 찾아야 한다'라고 결론 내리고 있습니다.

전통적으로 하나님을 향한 영성이 인간의 이성을 지배하여 왔는데, 인간의 이성이 영성을 흡수하는 순간 기독교의 쇠퇴와 하나님 말씀의 왜곡이 발생하게 됩니다. 영적 전쟁에서 우리가 영적으로 깨어 있지 않으면 전쟁 중이라는 사실도 모른 채 당하게 됩니다. 사탄과 마귀는 도깨비 뿔을 달고 우리 앞에 나타나는 것이 아닙니다. 때로는 천사 같이 변장을 하고 우리 주위에 나타납니다. 그들은 어둠의 세력이기 때문에 은밀한 가운데 조용히 우리에게 파고듭니다. 우리가 영성을 지키고 영적 성숙에 도움이 되는 하나님의 진노, 십자가, 재림, 최후 심판, 지옥과 악한 자들의 '영원한 파멸'에 관한 설교를 우리는 듣기 싫어하는 경향이 있습니다. 그 대신 당신께 하나님 복이 임하고, 하나님은 오래 참으시고 사랑이시다라는 설교를 좋아하는 경향이 있습니다. 셀 수도 없이 많은 하나님의 속성 중에서도 몇 개만 골라 이야기 듣고 싶어 합니다. 그러면 하나님에 대한 왜곡이 내 안에 자리 잡게 됩니다.

하나님에 대한 편협된 생각이 내 안에 자리 잡고 있으면 우리
가 어려움을 만날 때, 하나님에 대한 원망과 함께 하나님을 멀리하
게 되는 경우가 발생하게 됩니다. 일차적인 책임은 교회 지도자들
에게 있지만 우리 모두가 내 안에 하나님께서 임재하시고, 우리 각
자가 성전이기 때문에 일차적인 책임은 우리 각자에 있습니다. 그
래서 성경 읽기와 기도를 게을리하지 말아야 합니다. "쉬지 말고 기
도하라"라는 데살로니가전서 5장 17절 말씀을 잊지 말고 하나님과
교통하는 삶을 살아야 합니다. 그렇게 해야 이 영적 전쟁에서 살아
남을 수 있고 승리할 수 있습니다. 지금은 영적 전쟁 중이라는 사실
과 영적 전쟁은 보이지 않기 때문에 느끼고 깨달아야 하는 전쟁임
을 항상 상기하십시오.

사탄의 두 얼굴

에베소서 6장 11절부터 13절 "마귀의 간계를 능히 대적하기 위하여 하나님의 전신 갑주를 입으라 우리의 씨름은 혈과 육을 상대하는 것이 아니요 통치자들과 권세들과 이 어둠의 세상 주관자들과 하늘에 있는 악의 영들을 상대함이라 그러므로 하나님의 전신 갑주를 취하라"라는 말씀을 상고해보면 우리는 마귀를 상대할 수밖에 없음을 알 수 있습니다. 그들이 우리를 가만히 두지 않기 때문입니다.

이스라엘 백성들이 출애굽 할 때 마귀의 조종을 받는 바로가 하나님의 명을 받아 출애굽 하려는 모세와 아론에게 지속적으로 거짓된 약속을 하였습니다. 출애굽기 8장 8절 "바로가 모세와 아론을 불러 이르되 여호와께 구하여 나와 내 백성에게서 개구리를 떠나게 하라 내가 이 백성을 보내리니 그들이 여호와께 제사를 드릴 것이니라"라고 하면서 2번째 재앙을 당하고 난 후 개구리 재앙으로부터 벗어나게 해주면 하나님의 백성들을 보내겠다고 하였습니다. 그러나 바로는 그 약속을 지키지 않았고, 3번째 재앙을 맞게 됩니다. 출애굽기 8장 28절에도 바로가 하나님의 백성들을 보내겠다고 약속하는 장면이 나옵니다. 이 재앙은 4번째 파리 떼의 공격을 받고 난 후 약속하였던 것입니다. 그러나 바로는 이 약속도 지키지 않았습니다. 출애굽기 10장 16절의 말씀에 따르면 메뚜기 공격을 당하고

하나님을 사랑하신다구요? 사랑이 아니라 경외입니다

난 후에는 바로가 하나님 여호와와 백성들에게 죄를 지었다고 고백하면서 이번만은 나의 죄를 용서해주고 이 죽음이 내게서 떠나게 해달라라고 호소하고 있는 장면이 나옵니다. 이것은 8번째 재앙이었습니다. 그렇게까지 말하고 난 후에도 바로는 그 약속을 지키지 않았습니다.

마귀는 철저하게 거짓말을 잘합니다. 기만하는데 선수입니다. 히브리 민족이 하나님의 백성이 되고 제사장 민족이 되어서 하나님의 복음을 이 세상에 전하지 못하게 그 원천을 마귀가 철저하게 막고 있음을 알 수 있습니다. 그리고 마귀는 헤롯을 이용하여 이 땅에서 예수님 탄생을 막음으로써 메시아의 싹을 원천적으로 없애려고 시도하였습니다. 그 결과 2살 이하의 어린아이들을 모두 죽였습니다. 또한 40일간 금식하신 예수님을 사탄은 시험함으로써 메시아로서 활동을 못하게 방해하였습니다. 세 가지 시험 중의 하나가 돌들에게 명하여 떡 덩이가 되게 하라는 것이었습니다. 그러나 예수님께서는 "사람이 떡으로만 살 것이 아니요 하나님 입으로 나오는 모든 말씀으로 살 것이니라"라고 말씀하시면서 이를 일축하였습니다. 이를 보면 마귀는 현재 우리에게 현실에서 가장 약한 부분을 집중적으로 공격하고 있음을 알 수 있습니다. 금식하신 예수님께 빵으로 시험한 것입니다.

내가 현재 필요한 것 그리고 간절히 바라는 것이 있다면 그것 때문에 내가 사탄 마귀의 좋은 먹잇감이 될 수 있습니다. 이를 피할 방법은 항상 기뻐하고 항상 감사하는 마음을 가지는 것입니다. 그리고 현실을 바라보는 것이 아니라 예수님의 답변처럼 하나님만을 바라보고, 하나님 입에서 나오는 말씀대로 사는 것이 삶의 목표가 되고 목적이 되어야만 사탄이 우리를 범접하지 못하게 됩니다. 우리가 현실에 대해 불만과 불평을 갖는다면 이는 사탄이 접근할 수 있는 공간을 내어주게 되거나 이미 사탄의 공격이 진행되고 있는 경우입니다. 왜냐하면, 하나님께서는 선이시기 때문에 선에는 불평, 불만이라는 단어가 없기 때문입니다. 이러한 경우에는 하나님과 멀어져 있다고 보면 됩니다.

불평과 불만을 생기거나, 불평불만을 말하는 순간 황급히 이를 멈추고 나의 영적 상태를 긴급하게 점검할 필요가 있습니다. 마귀는 양 같은 얼굴을 하면서 두루 삼킬 자들을 찾아다니기 때문입니다. 그들은 천의 얼굴을 하고 다니고 권세를 가지고 있기에 우리는 절대 이길 수 없습니다. 에베소서 6장 13절에 "하나님의 전신 갑주를 취하라"라고 말씀하고 있습니다. 하나님의 지식인 성경을 바탕으로 우리의 지식이 이에 흡수되어야 합니다. 우리의 지식에 하나님의 지식을 흡수시키면 안 됩니다. 언제나 하나님의 입에서 나오는 모든 말씀으로만 살아가십시오.

교회

　지금 우리가 살고 있는 세상은 개인주의가 만연하고 있습니다. 개인주의는 자신의 목표와 욕망을 행사하는 것에 가치를 두고 개인의 이익이 국가나 사회 집단보다 우선시하는 생각이나 태도를 갖습니다. 심지어 사회나 정부가 개인의 행동에 영향력을 행사하는 것에 반대합니다. 이러한 개인주의 사고를 가진 채 신앙생활을 한다면 어떠한 문제가 발생할까요?

　교회 내에서의 개인주의를 "리좀"이라는 비유로 이야기하고 있습니다. "리좀"은 "잡초 풀밭"이라는 뜻입니다. 저마다 각기 뿌리를 가진 여러 풀이 각기 자기의 방향으로 자라고 있음을 의미합니다. 이렇게 되면 교회는 하나님의 동산이 될 수 없습니다. 하나님의 동산에서 자라기 위해서는 뿌리가 하나님의 뿌리에서 나와야 예쁜 꽃과 귀한 열매를 맺을 수 있습니다. 교회는 하나님 중심의 하나 됨과 하나님의 뜻을 향한 동질성이 있어야 교회의 의미가 있습니다. 현재 많은 교회에 개인주의가 만연해 있어 하나님 중심의 하나 됨이 아니라 각자가 자기 뿌리를 가지고 있는 리좀화 되어 있습니다.

　그래서 성도 각 개인이 신앙의 중심이 되어 가고 있습니다. 나만 하나님의 축복을 받으면 된다. 나만 구원받으면 된다는 개인 우선주의 신앙이 더 도드라지고 있습니다. 삼위 하나님과의 연합과 성도 간의 연합이 깨어지면 더 이상 교회가 교회로서 존재할 가치를 잃어버리게 됩니다. 나 개인에 대한 집중화는 스마트 폰의 영향으로 더욱더 심화되고 있습니다. 가족끼리 식당에 가도 가족끼리 대화하는 모습은 잘 보기 힘듭니다. 각자가 가지고 있는 스마트 폰이 제공하는 세상과 대화하는 데 열중합니다. 각자 바쁘게 살아오느라 대화 부족에 시달리는 가족인데도 오랜만의 식사 자리에서도 각자 휴대폰을 보느라 가족공동체를 공고히 하는 좋은 식사 공동체의 기회도 놓치고 있습니다. 이것이 현실입니다. 그러니 교회 공동체는 오죽하겠습니까? 서로 사랑하며, 서로 돌아보며, 서로 협력하여 살아가는 초대교회 공동체의 모습과는 정반대의 길을 우리는 걸어가고 있습니다.

성경은 "나"가 아닌 "우리"를 이야기하고 있습니다. 예수님께서 이 땅에 오셔서 가르쳐주신 모든 복음은 "나"가 아닌 "우리"입니다. 예를 들어 예수님께서 가르쳐 주신 주기도문을 보면 전부 "우리"입니다.

> 하늘에 계신 우리 아버지
> 오늘날 우리에게 일용한 양식을 주옵시고,
> 우리가 우리에게 죄지은 자를 사하여 준 것 같이
> 우리 죄를 사하여 주옵시고,
> 우리를 시험에 들게 하지 마옵시고,
> 다만 악에서 구하옵소서

하나님을 사랑하신다구요? 사랑이 아니라 경외입니다

예수님께서 가르쳐주신 기도문에서 아버지도 나의 아버지가 아닌 우리 아버지입니다. 하나님으로부터 받는 양식도 나의 양식이 아닌 우리의 양식이며, 죄도 우리들의 죄입니다. 아담의 죄도 우리 모두의 죄입니다. 아담이 지은 죄이기 때문에 내가 죗값을 받는 것은 억울하다는 세상적인 논리와는 정반대인 것입니다. 아담이 지은 죄 때문에 내가 죄인이 되었고, 죄인이기 때문에 죄를 지을 수밖에 없으므로 나는 억울하다는 논리와는 정반대인 것입니다.

'나'가 중심인 그런 신앙생활을 하고 있다면, 즉 이기심을 가진 채 신앙생활을 하고 있다면 그것이 바로 죄입니다. 우상숭배를 했던 구약 시대 사람들을 안타까워하면서도, 하나님보다 우선시하는 것이 널려있는 세상에서 우상숭배의 삶을 사는 우리들의 모순된 신앙의 삶이 죄입니다. 우리는 욕심 때문에 '나'라는 감옥 울타리를 쳐놓고 생활을 합니다. 그 안에서 나의 욕심을 열심히 채우고 있지만, 그것이 감옥이라는 사실조차도 깨닫지 못한 채 신앙생활을 하고 있는 우리입니다. 나의 것을 내려놓으면, 즉 나의 이기심을 내려놓으면 내 삶을 가두고 있는 감옥 울타리가 사라지게 됩니다. 그러면 우리는 비로소 자유인이 될 수 있습니다

마스크를 벗었지만 코로나 19가 완전히 끝난 것이 아니고, 코로나 다음에 어떠한 바이러스가 점령할지 아무도 모르는 상황에서 나의 삶이 아닌 우리 공동체의 삶으로, 초대교회가 실천했던 신앙의 패러다임을 회복해야 합니다. 그러면 한국 기독교가 회복될 것이며, 하나님의 영광 또한 높여드릴 수 있을 것입니다. '나'가 아닌

우리를 위해 희생하셨던 예수님의 뜻을 높이 받드는 신앙의 삶을
사십시오.

마음의 상처

현대의 시대적 상황은 표면적으로는 예전보다 풍요롭고 IT 기술발달로 편리한 삶을 영위하고 있습니다. 그러나 많은 현대인은 마음의 상처를 지닌 채 살고 있습니다. 학교 왕따도 있고, 직장 왕따도 있습니다. 심지어 가족 왕따도 있습니다. 이처럼 마음의 평안을 잃은 채 살아가는 많은 사람이 있습니다. 교회 안에서도 교회가 돌아가는 모습을 보고 질투하거나 분노하거나 냉소적인 사람들도 있습니다. 냉소적인 사람은 헌금, 십일조를 많이 낸 사람들의 목소리가 커지는 것을 보면서 교회에 대해 냉소적이거나 심지어 절망감을 느끼기도 합니다. 그래서 마음의 상처를 안고 교회를 떠납니다.

이처럼 교회에 다니면서도 크기는 다르지만, 마음에 생채기를 가지면서 신앙생활을 하는 경우가 많습니다. 그러다가 다시 회복되고 다시 상처받고 그러한 패턴이 반복됩니다. 그러나 반복되는 패턴이 점점 감소한다면 그만큼 영적으로 성장하고 있는 것입니다. 신앙생활을 하면서 상처가 나고 아물고 또다시 생채기가 생기는 마음이라는 존재는 매우 중요합니다. 왜냐하면, 마음은 슬픔이나 분노와 같은 감정과 사고와 의지의 영역의 출발점이자 이들 모두를 포함하고 있기 때문입니다. 성경에서는 인간의 마음을 하나님으로부터 오는 생명의 근원이라고 말씀하고 있습니다. 잠언 4장 23절에 "모든 지킬 만한 것 중에 더욱 네 마음을 지키라 생명의 근원이 이에서 남이니라"라고 말씀하고 있습니다.

　모든 문제의 핵심은 마음이며, 우리 마음을 지키는 일은 다른 어떤 일보다 중요합니다. 우리 안에 임재하신 하나님과 우리가 교통하게 되면 우리 마음은 하나님을 닮은 성품으로 바뀌게 되기 때문입니다. 신약에서 보면 서기관들과 바리새인들의 신앙은 남에게 보여주는 가식적이고 형식적인 신앙생활을 하였습니다. 이러한 신앙적 사고와 행동은 하나님께서 원하시는 신앙이 아니었습니다. 그래서 예수님께서 이 땅에 오셔서 신앙의 근본은 마음이고, 하나님께서는 마음을 감찰하신다고 말씀하셨습니다. 즉 신앙의 근본적인 패러다임을 바꿀 것을 명령하셨습니다. 하나님의 영이 우리에게 임재하셔서 죽었던 우리들의 영에 생명을 불어넣어 주시고, 이 영을 통해 연결된 마음이 하나님께서 역사하시는 장소이고 인간의 전인격의 핵심이 되는 생명이 있는 힘의 원천이 마음이기 때문에 너의 마음에 하나님의 마음을 받아서 하나님의 뜻을 제대로 행하는 자가 되라고 말씀하셨습니다.

　초점을 사람에게 둠으로써 사람들에게 칭찬을 받으려고 큰 길가에 서서 큰 목소리로 기도하지 말고 초점을 하나님에게 맞추어 골방에 들어가 조용한 가운데 하나님의 목소리를 들으라고 말씀하셨습니다. 신약 시대에 서기관들과 바리새인들이 사람에게 초점을 맞추었다면 요즘은 자기 자신에게 초점을 맞추려는 풍조가 강해지고 있습니다. 이러한 개인주의적인 풍조는 다른 사람들을 제대로 사랑하기 위해서는 우리 자신을 먼저 사랑해야 한다는 '자기 사랑'

의 풍조에 탑승해서 마치 이것이 당연한 사실로 받아들여지고 있는 실정입니다. 즉 "나 자신도 사랑하지 못하면서 누구를 사랑한다고 그래!"라는 말이 공감대를 얻고 있는 실정입니다.

그러나 우리가 우리 자신을 칭찬하거나 소중하게 여긴다는 것은 어찌 보면 성경적인 모습이 아니고 오히려 인본주의의 모습이라는 것을 우리는 알아야 할 필요가 있습니다. 수고한 나를 스스로 칭찬하는 것이 매우 가치 있는 것이 되어버린 현재의 모습에서 인본주의가 스멀스멀 나도 모르는 사이에 파고 들어와 버렸습니다. 고린도후서 10장 18절에 "옳다 인정함을 받는 자는 자기를 칭찬하는 자가 아니요 오직 주께서 칭찬하시는 자니라"라고 말씀하시고 계십니다. 자기 자신을 칭찬하고 소중하게 여기는 것은 분명히 하나님의 뜻과는 배치되는 행동입니다.

우리는 하나님의 종입니다. 주인이신 하나님으로부터 칭찬을 받아야지 종의 신분으로 종 된 나를 스스로 칭찬하는 것은 확실히 인본주의의 영향입니다. 나도 모르는 채 인본주의의 영향을 받고 있는 나의 모습을 보면서 나의 존재는 하나님 중심주의, 즉 성경에 있는 하나님 뜻만을 온전히 받드는 하나님의 계획하심이 행해지는데 사용되어지는 도구라는 생각을 가져야 합니다. 하나님에 의해 쓰임 받는 존재라는 생각 그래서 나의 인생은 내 것이 아니라는 생각이 바탕에 흐르고 있어야 합니다. 사람에 의해 칭찬받는 자가 아닌 하나님으로부터 칭찬받는 삶을 사십시오.

신앙과 과학

신앙과 과학은 어떠한 관계일까요? 특히 기독교와 과학은 어떠한 관계이며 우리가 어떠한 관점으로 바라보아야 할까요? 우리는 현재 빅데이터가 이 세상을 지배하고 있고 신의 자리에 올라서고 있는 시대에 살고 있지만, 2세기 종교 지도자들은 성경에 나와 있지도 않은 천동설을 주장하고 지지했습니다. 16세기 코페르니쿠스에 의해 천동설이 아니고 지동설이 맞다는 주장이 증명된 이후 교회의 권위가 하락하고 또한 하나님의 권위 또한 하락하게 됩니다. 그리고 하나님 중심에서 사람 중심으로 중심축 또한 이동하게 되는 결과를 낳았습니다. 이는 종교 지도자들의 큰 잘못입니다. 성경에 나와 있지도 않은 부분에 관해 주장함으로써 하나님 중심에서 사람 중심의 세상으로 바뀌어지는 빌미를 제공했기 때문입니다.

신이 아닌 사람 중심의 인본주의는 문예 부흥 즉 르네상스 운동으로 이어졌습니다. 르네상스 문예 부흥은 인간의 위대함을 주장하고 나타내고 싶어 하였고, 이러한 모습들이 신과의 대척점에 서고 싶어 하는 인간의 욕망을 잘 나타내고 있습니다. 이러한 모습은 우리에게 그리 낯설지 않습니다. 아담과 하와가 하나님과 대척점에 서 있고 싶어 했던 모습과 유사하기 때문입니다. 현재 우리가 진화론에 대해 접근하는 것도 기독교가 지동설과 천동설에 대해 접근했던 것과 동일합니다. 19세기에 활동했던 다윈은 진화론을 주장하였

하나님을 사랑하신다구요? 사랑이 아니라 경외입니다

는데, 다윈의 진화론은 코페르니쿠스의 지동설과 함께 인류사에 큰 영향을 미친 과학혁명으로 간주되고 있습니다. 다윈은 어떤 형태의 생물이 오랜 시간을 거쳐 환경에 적응하며 서서히 모습을 변화한다는 진화의 가설을 내세웁니다. 그리고 환경에 적응한 종이 살아남는다고 주장하였습니다. 이는 다윈의 진화론에서 핵심이기도 합니다. 생물들은 주어진 환경에서 생존경쟁을 하게 되는데 번식하지 못한 종들은 자연스럽게 도태되고, 생존과 번식에 유리한 성질을 가진 종들이 자신의 성질을 후대로 전달하며 생태계에 퍼진다고 주장합니다.

성경에는 천동설, 지동설에 대해 기술되어 있지 않은 것과 마찬가지로, 주어진 환경에서 적응하지 못한 생물들은 자연스럽게 도태된다는 진화론에 대한 어떠한 부분도 기술되어 있지 않습니다. 성경은 과학을 설명하는 책이 아닙니다. 성경은 하나님과 인간과의 관계를 기술해 놓은 책입니다. 그러므로 성경은 비과학적이라는 주장에 대해 반박할 필요가 없습니다. 성경은 아담, 아브라함, 다윗, 솔로몬, 바울 시대에 하나님과 이스라엘과의 관계를 기술해 놓은 책이며, 그 과정에서 이 땅에 오신 하나님의 아들에 대한 사실을 기술해 놓았기 때문에, 과학에 관해 기술할 필요가 없고 기술할 의미도 없습니다. 그들의 삶은 과학에 의존하는 것이 아니라 하나님과의 언약에 의존하였습니다. 언약에 의존하면서 하나님을 경외하는 것이 그들 삶의 목표였습니다. 왕도 하나님께 전적으로 의지하는 왕은 선정을 베풀었으나 탐욕스러운 왕은 악행을 저질렀습니다.

이처럼 성경은 이스라엘이 하나님과 어떠한 관계를 가지고 있는지 그리고 그에 따른 하나님의 반응을 기술해 놓은 내용으로 구성되어 있습니다. 그래서 현재 우리가 하나님에 대해 어떠한 자세로 하나님을 경외할 것인지에 대한 지혜를 성경을 통해 얻을 수 있습니다. 성경이 과학과 거리가 먼 이유는 지향하는 관점이 다르기 때문입니다. 그러나 현실을 살펴보면, 과학의 발전이 인간의 삶을 편리하게 하지만 어느덧 신의 자리에 앉아 하나님과 대적하는 수준에 와 있음을 알 수 있습니다. 이는 하나님을 믿는 대신 과학을 신봉하는 사람들이 점점 증가하고 있다는 의미이기도 합니다. 그들이 신봉하는 대표적인 과학이 인공지능입니다. 과학자들은 인간 수준의 인공지능이 탄생한다면 그것은 언젠가 인공지능이 인간 지능을 초월할 수밖에 없다고 주장을 합니다. 그리고 이러한 주장이 현실화 되고 있습니다.

이런 현실에서 우리는 어떠한 자세로 인공지능과 같은 과학에 대해 접근해야 할까요? 앞에서 말씀드린 대로 하나님께서 우리에게 말씀하시는 하나님의 뜻을 과학적인 면과 연결해서는 안 될 것입니다. 과학은 하나님께서 인간에게 베풀어 주시는 은혜 가운데 한 부분일 뿐입니다. 그러므로 일부분에 불과한 과학이론으로 무한한 하나님의 능력과 한없이 깊은 하나님의 뜻을 해석할 수는 없습니다. 우리는 단지 하나님의 백성으로서 하나님의 뜻을 받드는 하나님의 도구로서의 역할을 다할 뿐입니다. 하나님의 뜻을 온전히 받드시는 진정한 하나님의 백성으로서의 삶을 사십시오.

영적 인간

하나님께서 인간을 지으셨을 때 영적 인간으로 지으셨습니다. 창세기 2장 7절에 "여호와 하나님이 땅의 흙으로 사람을 지으시고 생기를 그 코에 불어 넣으시니 사람이 생령이 되니라"라고 말씀하셨습니다. 그러므로 하나님을 믿는 사람이든 아니든 상관없이 인간이라면 영적 인간이 될 수밖에 없습니다. 아담이 죄를 지음으로 말미암아 에덴에서 쫓겨났지만 인간은 여전히 영적인 면이 완전히 훼손된 것이 아니었습니다. 다만 사람의 내면에서 하나님과 교통할 수 있는 하나님의 자리에 하나님이 아닌 다른 그 무언가가 대신 채워져 있는 것입니다. 그래서 하나님의 힘으로 사는 것이 아니라 하나님의 자리에 있는 다른 그 무엇에 의해 힘을 얻고 삶에서 행복을 느끼게 되는 것입니다.

하나님의 자리를 대신하고 있는 것은 술, 담배, 커피, 컴퓨터 게임, SNS, 애완동물, 권력 등 아주 많이 있습니다. 매일 커피를 몇 잔씩 마시는 사람은 커피를 마실 때 행복을 느끼고 '커피가 없으면 무슨 재미로 인생을 살까?'라고 생각하면서 커피라는 단어가 머리에 떠오르기만 해도 입가에 미소가 흐르게 됩니다. 권력은 그 이상입니다. 권력은 마약과도 같습니다. 권력을 휘두를 때의 그 기분을 권력자 본인은 잘 알고 있기 때문에 그 권력을 내려놓지 않으려고 가진 애를 씁니다. 무리해서라도 그 권력을 유지하려고 애를 쓰거나 더 큰 권력을 가지려고 시도합니다. 권력을 누리고 있을 때는 권력에 너무 도취되어 있기 때문에 권력을 내려놓는 것은 상상도 하기 싫어합니다.

이처럼 많은 사람은 하나님께서 계셔야 할 영적 자리에 다른 것에 대한 집착으로 영적 갈증을 채우고 있습니다. 문제는 하나님을 믿는 사람들도 하나님을 믿는 것만으로 허전함이 남아있어 그 허전함을 채우기 위해 하나님을 믿지 않는 사람들처럼 영적 허전함을 메우기 위해 다른 것들을 찾곤 한다는 것입니다. 창조 때 하나님께서 주신 영적인 면을 아주 심하게 훼손시키는 결정적인 사건이 있었습니다. 그것은 진화론의 등장이었습니다. 완벽한 법칙이 아닌 이론에 불과한 진화론이 완벽한 법칙인 양 학교에서 학생들에게 가르치고 있습니다. 미국의 경우 1960년대까지도 생물학 교과서에서 대부분 진화를 언급하지 않았습니다. 동물에서 진화되었기 때문에 인간은 다른 동물들 중의 하나의 존재에 불과하다는 진화론은 인간을 영적 존재가 아닌 물질적 존재로서 존재의 가치를 스스로 하락시킨 결정적 사건이었습니다. 이처럼 진화론은 사람이 하나님의 형상을 닮은 생령이 되었다는 것을 잊어버리게 한 결정적인 사건이 되었습니다.

또 하나의 결정적인 사건은 인공지능의 등장입니다. 인간의 지능을 뛰어넘게 되는 인공지능은 스스로 진화할 수 있기 때문에 언젠가는 오히려 인간을 지배할 수도 있을지도 모른다는 염려가 등장하기 시작하였습니다. 진화론이 교과서에 본격적으로 등장하기 시작한 것과 인공지능의 등장은 불과 70년이 채 되지 않는 짧은 역사를 가지고 있습니다. 70년 동안 물질적으로는 풍족해졌을지는 모르지만, 영적으로는 피폐해졌습니다. 그 피폐함의 정도가 최근에는 더욱더 심해져 가고 있습니다. 진화론을 학교에서 배우면서 자랐고, 컴퓨터의 등장으로 통제할 수 없는 많은 정보와 정신을 훼손시키는 오염된 정보들이 난무하는 이 세상에 살면서 우리가 하나님을 바라보는 신앙의 방향 또한 나의 욕심과 나의 이기심이 이루어지는 방향으로 전락하고 있는 것은 아닌지 곰곰이 생각해보아야 합니다. 그리고 나의 기도도 그러한 방향이 아닌지 곰곰이 살펴보아야 합니다. 하나님으로부터 선택받았다고 생각하고 있는 내가, 하나님으로부터 받은 소명을 실천해야 함은 애써 외면한 채 내가 천국에 가야 한다는 것에만 매달려 있지는 않은지 한번 살펴보아야 합니다. 교회에서 내가 무심히 던진 말 한마디가, 그리고 행동 하나가 다른 성도가 하나님을 믿는데 얼마나 큰 장애물이 되었는지, 그리고 그 무거운 죗값을 과연 내가 어떻게 감당해야 할지도 한번 생각해보아야 합니다.

사랑에는 4가지 단계가 있다고 합니다. 첫 번째는 인간이 자신을 위하여 스스로를 사랑하는 단계입니다. 두 번째는 인간이 자기 자신을 위해서 하나님을 사랑하는 단계입니다. 세 번째는 하나님의 선하심을 깨닫고 하나님을 위해 하나님을 사랑하는 단계입니다. 네 번째는 하나님과 연합하는 단계, 즉 하나님을 위하여 자신을 사랑하는 단계입니다. 네 번째 단계에 도달하여야 자신의 자아는 없게 되는 것이라고 할 수 있습니다. 우리는 어떤 단계일까요? 하나님과 연합해서서 하나님의 뜻만을 전하고 실천하는 행복한 삶이 되십시오.

인본주의의 실체

하나님께서는 인격의 하나님이십니다. 어쩌다 화를 내실 때도 있으시고, 질투를 하신 적도 있으십니다. 그리고 사람을 지으시고, 후회된다고 말씀하신 적도 있으십니다. 그러나 대부분의 경우 참아 주시는 하나님이시고 사랑으로 품어주시는 하나님이십니다. 이처럼 인격의 하나님이시기 때문에 참으실 때 하나님 마음이 얼마나 아프고 상하셨을까요? 더구나 하나님을 믿는 현재의 우리는 초대교회 성도들보다 더 악해져 있어 하나님의 마음이 더 많이 상해져 있으실 것 같습니다.

그러므로 우리가 얼마만큼 악해져 있는지에 대해 우리 스스로 성찰을 해 볼 필요가 있습니다. 먼저 성경에 기록된 악한 사건들을 살펴보겠습니다. 악한 사건 중에는 불복종의 죄보다 더 큰 죄라고 할 수 있는 하나님께 대항했던 사건들이 있었습니다. 그중 하나가 바벨탑 사건입니다. 바벨탑 사건은 노아의 후손들이 하나님의 뜻을 거슬러 흩어짐을 면하리라 하면서 높은 탑을 쌓아서 하늘에 닿게 하고 자기들의 이름을 내고 흩어지지 않겠다는 결심을 하고 바벨탑을 쌓은 사건입니다. 이처럼 하나님께 대항하는 사건들은 성경에 나와 있는 과거에만 해당하는 사건일까요? 혹시 현재에도 이러한 사건들이 진행되고 있지는 않은지 생각해보신 적이 있으십니까?

현재에는 오히려 이전보다 더 크고 조직적으로 하나님과 대적하는 일들이 아주 오래전부터 진행되고 있는 것 같습니다. 하나님과 대적하는 세력들은 먼저 하나님과 대항하기 위해서 사람들의 사고를 바꾸려는 계획을 세웠던 것 같습니다. 사람들의 정신을 개조하는 것입니다. 현재 시대 흐름의 사조는 포스트모더니즘입니다. 포스터모더니즘이란 모더니즘 그다음이라는 뜻입니다. 그러므로 먼저 모더니즘에 대해 먼저 알아보겠습니다. 모더니즘이라는 용어는 우리말로 "근대주의"라고 번역할 수 있습니다. 모더니즘은 15세기에 일어났던 르네상스에 발생하여 16세기 종교개혁을 거치고, 17세기 과학혁명을 거쳐 18세기 계몽주의 시대 때에 그 절정을 이루게 됩니다.

모더니즘의 특징은 다음과 같습니다. 이 세상은 더 이상 하나님과 관계되어 있지 않다고 여깁니다. 그리고 눈에 보이는 것만이 이 세상이 전부라고 생각합니다. 또한, 인간의 이성으로 신의 역할을 능히 해낼 수 있다고 생각합니다. 그래서 과학과 기술을 통해 하나님이 없어도 유토피아를 건설할 수 있다고 주장을 합니다. 그리고 과학적 사고를 통해 실증할 수 있는 것만이 진리라고 주장을 합니다. 또한, 이것을 학교 교육을 통해 학생들에게 주입시키고 있습니다. 그래서 학생들은 무신론자가 되어갔고, 인본주의자가 되어갔습니다.

그러나 제1차, 2차 세계 대전을 거치면서 인간을 복되게 한다는 과학 기술은 오히려 인간성을 말살시키는 참혹한 전쟁을 불러 왔습니다. 모더니즘이 주장하는 유토피아의 꿈은 깨어졌고, 포스트모더니즘이 등장했지만, 진리에 대해서는 모더니즘보다 오히려 더 부정하고 있습니다. 옳고 그름을 분별하는 기준이 진리인데, 사람들이 진리를 기준으로 하는 것이 아니라 좋고 나쁨의 관점으로 바라보게 되었습니다. 심지어 옳고 그름을 주장하는 것이 온당하지 못하고, 이를 강요하는 것은 무례하다는 인식이 팽배해져 있습니다. 옳고 그름을 주장하는 것이 온당하지 못하다는 사고는 진리를 부정하게 되었고, 절대적 기준을 제시해 주는 하나님이 존재하지 않는다는 생각을 보편적으로 가지게 되었습니다. 절대적인 진리가 없다는 생각은 다른 종교에도 구원의 진리가 존재할 수 있다는 주장에 힘을 실어주게 되었습니다.

진리의 부재와 함께 인공지능의 발전을 바라보시는 하나님의 마음이 어떨까 하는 생각을 해 볼 필요가 있습니다. 왜냐하면, 인공지능 신봉자들은 인공지능 로봇도 인간사회의 구성원이라고 주장하고 있기 때문입니다. 문제는 인공지능이 인간의 지능을 넘어 스스로 개량하는 수준에 이른 후에는 기술 발전의 속도가 폭발적으로 증가한다는 것입니다. 2017년 1월 12일에 유럽연합ᴇᴜ 법제사법위원회에서 "로봇 시민법"이 제정 결의되었습니다. 그러므로 앞으로 로봇에게 전자 인간이라는 법적 지위를 제공하게 됩니다. "소피아"라는 인공지능 로봇은 2017년 10월 15일에 사우디아라비아 시민권을 획득하였습니다.

현대판 바벨탑을 쌓으려는 세력에 대해 보다 냉철하고 이지적인 시각으로 하나님의 말씀에 대한 본질적인 문제로 이 문제를 바라보아야 할 것입니다. 인간이 로봇을 만들고 이를 시민으로 인정해 주는 세상에 살면서 그리고 로봇이 진화되어 인간이 제어할 수 없게 될 것이 자명한 세상에 사는 우리는 하나님의 말씀에 더욱더 귀를 기울여야 합니다.

참과 거짓

성경에는 거짓 선지자, 거짓 교사에 대한 말씀이 많이 나옵니다. 그들은 하나님을 믿는 사람들이 바른 신앙을 가지고 하나님께 다가가는 것을 방해하였고, 방해하고 있습니다. 이것이 우리에게 크게 와 닿지 않고 있는 것은 나와는 무관하다는 생각 때문일 것입니다. '내 주위에는 그런 사람을 볼 수 없어.'라고 생각하기 때문일 것입니다. 그러나 거짓을 말하는 무리들은 아담 때도 있었고, 신약 시대에도 있었고, 지금도 있습니다.

그런데 사람들이 번번이 당하는 이유는 그들의 정체를 알 수가 없기 때문입니다. 그들은 보통 사람들보다 더 천사와 같은 모습을 하고 있기 때문에 구별하기 매우 힘듭니다. 그래서 그들에게 당하고 나서도 당한 줄 모르는 것입니다. 이것이 문제입니다. 마태복음 7장 15절에 "거짓 선지자들을 삼가라 양의 옷을 입고 너희에게 나아오나 속에는 노략질하는 이리라"라고 말씀하고 있습니다. 거짓을 말하는 자들은 양의 옷을 입고 있어서 순한 양인 줄 알고 있기 때문에 그들의 말에 속아도 속은 줄 모르는 것입니다.

진리를 왜곡하고 거짓을 전파한 최초의 사건은 선악과 사건입니다. 사탄은 "절대로 죽지 않는다", "눈이 밝아진다", "하나님처럼 되어진다", "선악을 알게 된다" 이렇게 미혹함으로써 아담과 하와

하나님을 사랑하신다구요? 사랑이 아니라 경외입니다

를 하나님과 멀어지게 하였습니다. 그 이후에도 사람들을 하나님과 멀어지게 하려고 지능적으로 모략을 꾸몄고, 꾸미고 있습니다. 과학이 발달하지 않았을 때 농경사회에서는 모든 만물이 신이 있다고 사람들을 부추기면서 하나님과 멀어지게 하였습니다. 그리고 과학 문명이 발달한 초기에는 인간의 능력은 위대하다고 주장하면서 인본주의를 만연시킴으로써 사람들을 하나님에게서 멀어지게 하였습니다. 이 인본주의는 지금에 더욱더 만연되어 과학이 발달하면 할수록 과학이 우리의 생명과 미래를 보장할 것처럼 여기도록 만들고 있습니다. 그래서 과학을 하나님의 자리에 올려놓으려고 하고 있습니다. 이것이 사탄의 전략입니다. 이처럼 사탄은 끊임없이 우리의 신앙을 파괴하기 위해 모략을 사용하고 있습니다. 증명되지 않는 것은 진리가 아니라고 하면서 하나님의 절대 진리의 말씀을 믿지 않도록 부추기고 있습니다.

그리고 타 종교를 통해서도 구원은 이루어진다고 하면서 하나님의 지위를 격하시키고 있습니다. 이와 같은 사탄의 전략을 따라 진리 말씀을 왜곡 전파하는데 앞장선 자들이 거짓 선지자, 거짓 사도, 거짓 그리스도인, 거짓 교사인 것입니다. 구약 시대 때 활동했던 거짓 선지자에 대해 한번 알아보겠습니다. 성경은 살아있는 하나님의 말씀이기 때문에 성경을 통해 현재 우리들의 모습을 반추해볼 수 있고 문제를 해결할 수 있습니다. 구약 시대에 참 선지자와 거짓 선지자는 종이 한 장 차이였습니다. 그만큼 구별하기가 어려웠습니다. 거짓 선지자로 나중에 판명된 그들은 대부분 예루살렘 성전에서 예배를 집례하고 말씀을 전하는 사람들이었습니다. 그들이 전하는 말씀은 하나님께서 전하는 말씀으로 여길 수밖에 없었습니다. 그리고 그들은 왕궁에 소속되어 있으면서 절대 권력을 누렸고, 왕이 전쟁을 하러 나갈 때 하나님의 뜻을 왕에게 전하는 중요한 직책을 가지고 있었기 때문에 사람들은 그들이 선지자임에 믿어 의심치 않았습니다.

이와는 반대로 참 선지자들은 권력과는 무관한 사람들이 많습니다. 그래서 참 선지자의 말에 귀를 기울이는 사람들은 많지 않았습니다. 규모 면에서도 왕궁에 소속되어 활동하는 선지자는 수백 명에 달하지만 참 선지자는 홀로 예언을 하는 경우가 많았습니다. 그래서 참 선지자와 거짓 선지자를 구분하기가 어려웠을 것입니다. 이러한 모습은 지금도 마찬가지입니다. 성경에는 참 선지자와 거짓 선지자를 모두 기록하고 있고 그 과정과 결과를 모두 기록하고 있기 때문에 왜 사람들은 거짓 선지자의 말에 현혹되었을까라고 안타까운 생각이 들지만 이러한 모습은 현재 우리에게도 마찬가지입니다. 그만큼 참과 거짓을 구별하기가 어렵다는 것을 알 수 있습니다.

우리가 간과하지 말아야 할 것은 사탄의 능력이 우리가 상대할 수 없을 정도로 뛰어나다는 것입니다. 우리가 하나님 안에 거하는 방법 외에는 다른 방법이 없습니다. 하나님 품을 벗어나는 순간 사탄의 치밀한 계략에 빠질 수밖에 없습니다. '사탄의 어떠한 전략에도 나는 넘어가지 않을 거야'라고 생각하는 것은 신앙의 교만입니다. 성경에 무수히 나와 있는 사탄의 능력을 경시하는 것입니다. 교만은 패망의 선봉입니다. 예수 그리스도 안에 거하여 성령님의 능력으로 승리하십시오.

하나님을 사랑하신다구요? 사랑이 아니라 경외입니다

욕심과 거짓

모든 죄는 욕심과 탐욕에서 비롯됩니다. 한 사람의 탐욕이 어떠한 결과를 가져올까요? 아버지 한 사람의 탐욕은 집안을 망치게 합니다. 목사 한 사람의 탐욕은 교회 공동체를 망치게 합니다. 왕 한 사람의 탐욕은 나라를 망하게 합니다. 왕 한 사람의 탐욕이 심지어 역사의 흐름을 바꿔놓기도 합니다. 그러므로 지도자의 잘못에 대해서는 하나님께서 보다 엄격하게 그 죄를 묻습니다.

잘못된 지도자 네로 황제에 대한 이야기입니다. 로마제국의 멸망은 사실상 5대 황제인 네로 때부터 본격적으로 시작되었다고 말할 수 있습니다. 네로는 사치로 국고를 낭비하였습니다. 사치 때문에 로마의 재정이 파탄 나서 세금을 더 거두는 일들은 네로 이전 황제 때도 있어 왔습니다. 그러나 네로는 그 이전 황제와는 질적으로 달랐습니다. 국민을 속이기 시작했다는 것입니다. 왕이 국민을 속이는 거짓을 행하는 순간 그 거짓으로 나라 전체가 불신하는 풍조가 횡행하는 결과를 가져오게 되었습니다. 물론 네로 이후에도 로마제국은 계속 확장되었지만 네로 때 형성된 불신은 내부 결속력을 급속하게 약화시켰습니다. 그리고 로마의 영토가 더 이상 확장될 수 없는 지경에 이르게 되자 로마는 급속하게 무너져 버린 것입니다.

로마제국의 통화는 금과 은에 불순물을 섞지 않고 본래의 무게와 크기를 유지했습니다. 그런데 네로는 재원 확보를 위해 금화와 은화에 약간의 구리를 섞어서 유통시켰습니다. 처음에는 구리 함량이 적었기 때문에 국민이 눈치채지 못했습니다. 로마 재정이 고갈되자 네로는 금화와 은화 순도를 4%와 10%씩 낮춰버렸습니다. 그 결과 가짜 화폐의 존재에 대해 국민 모두가 알게 되었습니다. 그런데도 가짜 화폐 발행 정책은 더욱더 노골화하였습니다. 문제는 이러한 정책을 후대 황제들도 그대로 승계하였다는 것입니다. 용병들에게 급여를 주었지만, 용병들은 가짜 화폐를 거부했습니다. 국가조차도 세금을 받을 때 화폐 대신 현물을 요구하는 지경에 이르렀습니다.

결국, 용병들의 침공으로 로마는 멸망하게 되었습니다. 그 결과 고대 국가 시대는 종말을 고했고, 암흑의 중세시대가 시작되었습니다. 중세시대 때도 마찬가지였습니다. 십자군 전쟁의 분담금과 각종 헌금 등으로 교회의 재정은 매우 풍부해졌고, 재정이 풍부하게 된 교회는 탐욕을 부리기 시작하였으며 성직자의 매관매직이 성행하고 성적으로 타락했습니다. 교회 건물은 화려해지기 시작하였습니다. 베드로 성당을 짓다가 돈이 부족해서 면죄부를 파는 엄청난 죄까지 지었습니다. 이렇듯 한 사람에게 권력이 집중되면 그 탐욕 때문에 국가든 공동체든 잘못된 길을 가기 쉽습니다. 왜냐하면, 권력을 가진 그 사람에 대해 신격화가 일어나기 때문입니다. 자신도 모르는 사이에 자기 자신이 하나님의 자리에 앉아 있게 되는 것입니다.

의도적으로 자신을 신격화하려는 그런 사람은 여기서 거론할 필요가 없습니다. 왜냐하면, 그 사람은 분명 이단의 교주일 것이기 때문입니다. 야고보서 1장 15절에 "욕심이 잉태한즉 죄를 낳고 죄가 장성한즉 사망을 낳느니라"라고 말씀하였습니다. 욕심은 우리를 하나님의 뜻대로 살지 못하게 합니다. 하나님의 뜻대로 살지 않는 것이 바로 죄입니다. 이렇듯 욕심은 죄를 낳고 그 죄는 영적 사망을 가져오게 합니다. 영적 사망이란 우리가 하나님을 따르는 그 길을 가는데 우리의 눈이 어둡게 되어지는 것입니다. 그 결과 우리가 하나님을 향하는 그 길을 찾으려고 하는데 그 길이 흐릿하게 보이게 됩니다. 그리고 나중에는 그 길이 보이지 않게 됩니다. 그러면 낭떠러지로 떨어져 사망으로 갈 수밖에 없게 됩니다.

우리는 욕심을 버려야 합니다. 최소한 욕심을 없애려는 노력을 해야 합니다. 동시에 나에게 임재하신 성령님의 도우심을 구해야 합니다. 성령님의 도우심을 구하려는 노력조차도 안 하면 안 됩니다. 성령님의 도우심 없이는 욕심의 벽을 지속적으로 넘을 수 없습니다. 욕심은 모든 죄의 근원이기 때문에 욕심이 조금이라도 남아있는 한 우리는 하나님의 편에 설 수 없습니다. 욕심은 거짓된 마음과 행동을 가져옵니다. 거짓은 하나님의 선과는 정반대이고 사탄이 추구하는 것임을 기억하고 하나님께서 원하는 그 길만을 걸음으로 성령의 열매를 맺으십시오.